大展好書 好書大展

大展好書 好書大展

超經營新智慧 1

# 躍動的國家
# 越南

窪田光純/著
林 雅 倩/譯

大展出版社有限公司

# 前言

一九九六年是揭開新生越南序幕的一年。實現與美國的正式邦交，加入東南亞國家聯盟，是越南躍登國際舞臺的一年。

以往越南揭示三個口號，朝新的建國理想邁進。這個理想就是自由、獨立及幸福，是胡志明的建國思想。

在建國思想當中，自由與獨立在經過許多的苦難之後，終於在九五年完成了。九六年開始，朝向創造國民幸福的新國家邁進。現在的越南，官民都為了達到幸福的這個目的，而開始建立一個充滿夢想及希望的國家。

追溯越南的發展過程，到九五年以前越南是第一期建國（也可以稱為第一革命期）的時期。從九六年開始的下一個步驟，則是追求幸福的第二建國（第二革命期）的時期。

一九七五年越戰獲勝，七六年完成民族統一，越南成為備受世界矚目的社會主義國家。在東西冷戰的緊張時代，得到蘇聯及東歐諸國的支援和協助，開始了越南的建國之路。

充滿理想而開始的建國之路，卻因為糧食不足及極端貧困，而產生了反政府運動。運動開始後的第五年，蘇聯的社會主義也遇到挫折，結果在國民的總意之下，誕生了刷新政策。越南國民完全否定以往的基本政策，選擇了一百八十度的政策轉換。

刷新政策意味「新的變化」，要刷新以往所有的基本政策，想要從現實的痛苦及慘痛中解放出來，以這種切實的心情而誕生了刷新政策。

「刷新政策」成為國家基本政策，首先發揮機能的就是，藉著農業改革而糧食能夠自給自足（一九八八年）。

所幸，實現糧食自給自足的第二年，柏林圍牆崩塌，接下來的九一年蘇聯瓦解。蘇聯的瓦解對於越南建國而言，當然具有非常積極的作用。以此為契機，擁有豐富資源（天然資源、人文資源）的越南，備受西方諸國的關心與矚目。

以一九九一年為交界，西方諸國開始進入好似堤防潰決的越南。九四年美國解除了對越經濟制裁，九五年越南與美國恢復正常邦交，而這一年也加入東南亞國家聯盟。

看這種狀況，瞭解到從七六年到九五年為止的二十年內，可以說是越南建國的初期階段。越過苦難，躍登國際舞臺後的第一次建國時期。以往，在國際社會中完全陷入孤立無援的狀態的國家，終於能夠站起來。雖然還在蹣跚學步，但是到了一九九六年，能夠自己往前走。對越南而言，是值得紀念的一年。

有人認為越南是《二十一世紀型的國家》。越南沒有內亂，同時也沒有外敵入侵的威脅，很多人認為越南具有光明燦爛的未來。

二十一世紀世界的主題是糧食和能源。人類要殘存在地球上，一定要確保糧食和能源才行，這也是一個國家的義務和使命。

以往國家的概念，是以政治力、經濟力、國防力為基準，但是二十一世紀的國家論完全改變了。以往的國家論已經被視為是古老時代的遺物，新的價值觀產生，國家的概念與威信產生很大的變化。

二十一世紀型的新國家，糧食與能源能夠自給自足是必要且不可或缺的條件。

現在，據說世界糧食供應餘力還剩二億噸。糧食的生產趕不上世界人口的增加，因此糧食危機非常地嚴重。

糧食缺乏使世界各國陷入恐懼及貧困中，也許會利用武力來搜括糧食。或者是在世界各地產生局部戰爭。

九五年末，富士通經營研修所出版了『科學技術能解救地球嗎？』一書。在這本書中，東京工業大學教授橋爪大三郎的前置詞是「這是FAO（聯合國糧食農業機構）的預測」，然後做了以下的敘述。

「在這種狀態下繼續演變的話，穀物需要從二〇一〇年開始變得窘迫。非洲等一部分的開發中國家，餓死的人會繼續增加。先進國和開發中國家忽略經濟性努力增產，但到二〇二五年時，仍然趕不上人口暴增，使得糧食危機陷入非常嚴重的狀態中。如果所得延伸的各國對於糧食的需要從穀物轉換為肉類或乳製品的話，會擴大穀物缺乏的範圍（生產一公斤牛肉需要七公斤穀物），危機會更早到來。」

此外，僑爪教授談到能源問題時，也提出以下的警告。

「如果沒有原子力或太陽能等其他的代替能源，則人類在二十一世紀不得不依賴化石燃料。但是，石油到了二十一世紀時，迎向供給的顛峰期，而天然氣也是如此。在此之後，兩者的生產會逐年降低。這時，煤的生產擴大，而成本不得不大幅度提升。持續增加的人口以及經濟成長的壓力，迫使衆人要求能源供給擴大，但是如果考慮到環境的限制以及成本的問題，也不可能無限制擴大。」

二十一世紀時，在世界上會發生糧食危機與能源危機，以及因為環境破壞而導致地球溫暖化。

反覆出現混亂與搜括的地球上，本身的價值觀及國家論都會改變。或者，已經根本沒有國家的觀念，成為人類只是努力求生存的時代而已。以往的價值觀和基準被新的價值觀取代，地球上也許會形成新的秩序。總之，可以確認的就是一個艱困的時代將會來臨。

當這個時代到來時，成為地球上的建立基準和秩序中心的，就是糧食及能源能自給自足的國家。越南的糧食能自給自足，而且米及其他農產品大量出口。也擁有石油和煤、天然氣等天然資源之惠。專家估計石油的推定埋藏量約有二百三十億桶，已經深查過確定的埋藏量為三十億桶。煤方面生產的是世界少數的無煙煤（推測埋藏量六十五億噸）。越南的確是擁有豐富能源的寶庫。

宣稱《二十一世紀型的國家越南》的人，認為越南是二十一世紀的基軸國家，也是世界各國所期待的國家。

以以往的常識和基準，根本無法認定充滿魅力的國家竟是越南。二十一世紀的越南不只是亞洲的中心國家，同時也會成為世界的越南。

本書從一九七六年統一開始，到經過苦難的時代，決定採用刷新政策，以及九五年加盟東南亞國家聯盟，與美國的正式邦交為止的「第一次建國時代」（第一革命期）的越南加以分析。從①思想、②精神、③現象、④效果等各方面，盡可能列舉數字及法令、議事錄等，來分析越南這個國家。

本書出版時得到同文館出版的田村純男大力協助，在此深致謝意。

二十一世紀國家越南，從一九九六年開始在新的軌道運行。越南是未來可能有光明、燦爛希望的國家。希望藉著本書，讓各位對越南的本質有更多的瞭解。相信不久之後，就會實現越南大國論。我相信越南具有這種可能性，因此執筆為文。

寫於河內銀河飯店

窪田光純

# 目錄

## 第四章　越南的制度與體制



## 第五章　瞭解越南的六項重點

第六章　越南投資現狀與六大投資形態

## 第九章 越南的金融制度與租稅制度

# 第一章　實現與美國正式邦交的越南

## ——探索得到世界認知的越南今後的發展——

河內市中心的胡志明廟。胡志明思想現在仍深植於越南人的心中。

## 一　與美國的正式邦交深具意義

實現與美國正式邦交的越南，躍昇國際舞臺上。柯林頓總統在一九九五年七月十二日發表與越南締結正式邦交，八月五日國務卿克里斯多福在河內簽訂相關文件，實現期待已久的越南與美國的正式邦交。

七月二十八日，越南正式成爲東南亞國家聯盟（ASEAN）第七個加盟國。原本是亞洲最後邊疆的越南，從這個時候開始躍登於國際舞臺上。

事實上，九四年在東南亞國家聯盟諸國討論越南加盟時，在越南國內也分爲贊否兩派的輿論。贊成派認爲這是躍登國際社會的良機。希望藉著加盟東南亞國家聯盟，而能夠得到國際的認同……基於以上的認識而贊成加入東南亞國家聯盟。

因此，贊成派認爲經濟的危機和軍事的負擔是不得已的事情，首先應以回到國際舞臺上爲第一要件。但是，反對派則認爲加盟東南亞國家聯盟，在軍事上會被利用，經濟上也沒有任何優點，尤其是加盟AFTA的話，就好像摘掉越南工業化之芽，不應該急著加入東南亞國家聯盟……這就是他們的看法。

但是，越南政府考慮到越南的將來，認爲如果能夠加盟的話，這是唯一的機會，而且判斷如果加盟東南亞國家聯盟，能夠促進與美國的正式邦交，因此，決定加盟東南亞國家聯盟。

與美國建立正式邦交之後，越南和美國兩國都希望能夠改善政治信賴關係的架構，以及經濟的關係。

### (1) 經濟的意義

經濟的交流非常地活絡。越南政府發表統計顯示，到九四年爲止，美國在越南的投資爲二十六件、二億美元左右。但是，預測當將擁有正式邦交時，從九五年開始，對越南的投資大幅度擴大。

九五年六月末爲止，六個月內的投資爲十一件，一舉成長爲二·九億美元。以金額基礎來看，六個月內進行了超越以往投資金額的投資。

對於今後的經濟交流擴大有所期待的美國，現在派遣摻雜許多行政首長在內的大型經濟訪問團到越南去。今後將從以往的通信、觀光、飲料等投資，轉換爲航空事業或石油事業、海底開發事業等超大型投資。此外，除了投資之外，還達成了促進其他貿易的具體協議。現在備受世界矚目的就是美國政府給與越南最惠國待遇（ＭＦＮ），到底會在何時開始進行。對中國的最惠國待遇非常地微妙，而對越南的最惠國待遇，對於今後的越南而言，會發揮極大的經濟效果。所以，越南躍昇國際舞臺上，對於投資的擴大以及得到美國最惠國待遇等各方面的經濟效果也很大。

## (2) 軍事的意義

但是，越南所處的立場不是這麼簡單的。躍登國際舞臺上的代價，就是要在實際上成爲對中國的橋頭堡。也就是說越南必須要代替東南亞國家聯盟及美國，在軍事上背負極大的責任。這個殘酷的現實，是越南無可避免的責任。

九四年三月，東南亞國家聯盟外相會議提出，東南亞國家聯盟十國構想，而美國贊成這種想法，促使越南提早加入東南亞國家聯盟。東南亞國家聯盟十構想是除了以往的東南亞國家聯盟六國之外，還希望加入越南、寮國、柬埔寨以及高棉，成爲十國的經濟圈構想。

以往基於人權外交的問題，一直處於對決狀態下的越南和美國，爲什麼美國後來會對越南產生好感呢？

關於越南加入東南亞國家聯盟，美國出乎預料之外地竟然表示贊同之意，令世界各國震驚。

美國的考慮是，希望能夠將越南當成抑制南下的中國軍事力的力量，同時也希望活用越南成爲亞洲的基地。

東南亞國家聯盟諸國和美國同樣的，期待越南能夠成爲與南下的中國軍事力對峙的力量，因此，支持它加入東南亞國家聯盟。仔細想想，越南加入東南亞國家聯盟，與其說是期待雙方的經濟效果，還不如說是期待軍事效果。

對於中國海軍不合理地南進，美國感到非常地不愉快。與其說是不愉快，還不如說是感到一種危機感。美國希望在早期阻止中國海軍的南進。在這樣下去的話，中國的南進持續下去時，將會使南海納入中國統治的範圍中。而美國的危機感，促進了兩國之間的正式邦交。

事實上，在正式邦交後的十三日，越南政府發表檢討將越南第一海軍基地卡姆蘭灣當成美國海軍的停靠港。美軍在九二年自菲律賓撤退之後，將補給部隊駐守在新加坡，希望能維持在南海海域的軍事力量。除了新加坡以外，能夠使用在南海中心位置的卡姆蘭灣成爲軍事基地，對於美國的太平洋軍隊而言，具有重要的意義。

此外，九五年七月十八日到二十七日爲止的日程中，美國海軍和菲律賓海軍在南沙群島附近進行共同軍事演習。今後將以南海爲舞臺，經常進行美軍的軍事訓練。今後將持續對中國的南進提出警告，以及行使實力，這是美國、越南與東南亞國家聯盟會一起進行的行爲。

所以，我們必須要重新認識美國與越南的正式邦交，眞正的目的是起因於軍事的意義。

## 二　美國的人權外交與越南

在探討越南的國際化時，不可以忘記的，就是美國的人權外交。柯林頓政權之後的美國展開美國特有的外交，就是所謂的人權外交。對於美國外交，亞洲諸國及世界各國都責難『違反不干涉內政的原則……』，甚至連美國國內也掀起了責難之聲。

回顧美國人權外交的歷史，在一九七四年民主黨的傑克森參議院議員，爲了讓在舊蘇聯的猶太後裔居民能夠出國，而展開人權與貿易利益相結合的議會活動。

七七年開始的卡特政權，對於外國各國的人權問題擴大到安全保障及貿易等廣大的範圍，展開大國美國的外交政策。這就是美國人權外交的開始。

越南和亞洲諸國與美國的人權外交的歷史從九三年開始。九三年在西雅圖舉辦APEC（亞太平洋經濟協助閣僚會議）的會議中，柯林頓總統做了以下的發言，引起很大的反彈。

(1)、經濟發展顯著的亞洲地區諸國，爲了致力於互相的協助促進及信賴的強化，應該在較早時期開放市場。

(2)、如果中國希望持續享有最惠國待遇的話，則必須要改善人權問題。

(3)、像新加坡所進行的鞭打美國少年的拷問行爲，表示新加坡是野蠻國家。

(4)、印尼如果希望享有特惠關稅待遇，則必須改善勞動條件。

這一類的人權外交，被視爲是干涉內政的做法，而受到責難。九四年三月二十四日，在馬來西亞吉隆坡所舉辦的第十屆PECC（太平洋經濟協助會議）中，對於美國人權外交的責難之聲到處沸騰。各國代表的演說中，異口同聲地指責美國，其內容如下。

「……對於PECC加盟成員諸國的貿易和投資問題，必須謹愼考慮不要有政治意識型態的相關傾向……」，表明對於美國人權外交進展的擔憂。對於美國對中國和新加坡、印尼、越南的通商問題和人權問題糾纏在一起的外交姿態，表明強烈的不滿。

發現亞洲諸國對於美國的不快感和不信任感非常強烈，因此美國國務院的溫斯頓．羅德次長做了以下的叙述。

羅德次長說：「柯林頓政權的外交有欠缺考慮之處，因此與世界各國產生摩擦，造成反彈。尤其對於今後會持續發展的亞洲地區，如果推展人權外交的結果，亞洲諸國會對美產生不快感。所以，美國要對亞洲諸國多加考慮，再來推進外交。」做成以此爲主旨的書簡，向國務卿克里斯多福提出。

這個書簡稱爲羅德書簡，這個書簡有助於美國外交政策的轉換。美國國務院以羅德書簡爲契機，甚至檢討更換國務卿克里斯多福的問題，後任長官甚至還提出當時駐日大使孟代爾，的確是非常嚴重的問題。

此外，政治部內也對柯林頓總統的人權外交加以責難，結果使得美國的人權外交不得不產生大轉換。

羅德書簡是在九四年五月十六日提出的，對於柯林頓總統的外交方針造成極大的震撼。美國政府發表的羅德書簡大意如下：

(1)、柯林頓當初的政權外交政策，基本上以亞洲外交的比重較高。

(2)、因此積極參與ＡＰＥＣ。

(3)、但是，遺憾的是現在亞洲諸國的反美情緒高漲，對於美國對亞洲的事項產生排斥反應。

(4)、考慮的原因是美國單方面的敵對政策，造成亞洲諸國對美國的憤怒，尤其是日本和中國對於美國的不快感增強。日本和中國如果不遵從國際原則，也是一大問題。而亞洲各國也批評美國，對於美國的外交政策展現對決的姿態。

(5)、美國對於亞洲地區的經濟安全的確保以及民主化的促進，以長期的視野來看與雙方利益有關，這一點各國能夠理解。但是短期來看的話，則需要二選一，無法得到亞洲諸國的瞭解，反而加深反感。

(6)、今後，美國為了應付亞洲的不快感，要繼續提供美國的資本、技術以及市場。而美國政府必須很有耐心地針對以下的問題和亞洲各國討論，加深雙方的瞭解才行。

①　美國與亞洲各國共有經濟的繁榮與和平的利益。

②　依美國的國內情勢而提出的政策建議，如果對亞洲諸國無法產生有效作用時，

則必須由國務院優先做調整作業。

③　像人權問題這種必須以地球性規模來探討的問題，要在亞洲推展的話，必須要摸索適合亞洲的方法，重視雙方的對話。

羅德書簡最後的結論是：「對於傾注全力、擁有自信的亞洲各國而言，美國今後必須要更愼重考慮，展開外交才行。」

國務次長羅德提出羅德書簡，是以自己的政治生涯做賭注。也可以說羅德是以自己的生命做賭注而寫下這書簡。

甚至有一陣子傳聞，他會和克里斯多福一起引咎辭職。一旦美國第一的亞洲通羅德辭職的話，則美國的亞洲外交將會面臨瓦解的危機。這種危機意識在政府部門內不斷地擴散。

但是，羅德用生命相搏的主張，卻得到柯林頓總統的好評。結果，使得美國的亞洲外交(人權外交)的政策有了很大的轉換。

當然，在此之前羅德還是擔任東亞太平洋的次長。

其次，來探討對於越南的人權外交。

九四年二月三日，對越南經濟制裁解除之後，越南和美國將接下來的目標訂在正式邦交上，趕緊進行交涉。但是，越南方面對於美國的人權外交產生強烈的反感，因此剛開始時的交涉也不是很順利。

ＰＥＣＣ召開前，正確的日子是三月五日，國務卿克里斯多福提出正式邦交的條件是：

①ＭＩＡ（失蹤美國士兵）問題的繼續搜查協助。

②美國資產的早期歸還。

③改善越南的人權問題。

①與②是理所當然的問題，但是關於③的人權問題，被視為是干涉內政，越南政府表現強烈的拒絕態度。

這時美國所指出的人權問題，是指①從美國暫時回國的越僑加入反政府運動進行演說，而越僑被逮捕的拘禁事件，②反體制的學者與作家在獄中死亡的事件。

對於國務卿克里斯多福的要求，越南政府以強烈的態度說道：「對企圖顛覆國家的組織或活動家，以越南的國內法加以處罰，不是侵害人權的做法。」

美國政府視為蹂躪人權做法的反政府運動，而越南則視其是與國家存亡有密切關係的事件。也就是說，越南與美國各自的歷史和文化、環境的判斷基準不同。

現在的越南對於美國的人權外交恢復了危機意識，而對於美國的經濟支配，也同樣地產生了危機意識。這個危機意識即使是在實行正式外交之後依然不變。

據說在美國以及海外等地的越南人（越僑）回到祖國，運用豐富的資金從事反政府運動，想要顛覆政府的危機意識。使得好不容易統一，藉著刷新政策建國的越南政府，當然不希望受到越僑們的經濟統治，也不希望他們顛覆國家。但是，事實上，擁有這種切實的祖國愛的人很多。

尤其在黨的保守派的長老中，有很多人都有這種危機意識。這種現象以對越經濟制裁的解除為契機，更為顯著化。因此，對於美國經濟支配的危機意識提高，在這種狀況中，兩國政府之間的正式邦交化的交涉，一步一步地進行。

越南對於美國的人權外交，一貫保持頑強的抵抗。這種反彈也許是曾經經歷過越戰的當事者會有這種特殊的情緒吧！而在最近，甚至蘊釀成擔心美國會以經濟支配越南的輿論。

在解除對越經濟制裁之後，反抗人權外交的只有政府當局而已，可是現在以人權外交為開端，對於經濟支配的危機，已經成為國民的輿論了。

這一點對於越南及美國而言都不是可喜的現象。雖然知道沒有美國的支持和援助，就沒有辦法建立越南，但是對美國又產生過度的反應。

這個過度反應，在對越經濟制裁解除以後，更爲顯著化，而在達到正式邦交的願望之後的現在，越南人的國民情感仍是如此。

進入東南亞國家聯盟與美國達成正式邦交，現在越南正積極地推進國際化。越南以地政學來看，或是從現存的軍事力和經濟規模來看，都是具有將來性、發展性的東南亞國家聯盟中心立場國。

因此，美越兩國的友好與信賴，不單是兩國的利害而已，也與亞洲的利害有極大的關係。因此，今後要更重視美越的友好與信賴。

與美國建立正式邦交的越南，現在最怕的就是越僑的經濟支配，以及美國的人權外交會顚覆國家。

在解除對越經濟制裁之後，必須牢記在心的就是已經越過人權外交的屏障，而實現了與美國的正式邦交。

# 三　正式邦交與今後的越南

## 1　加盟東南亞國家聯盟與正式邦交

從九四年三月七日到九日為止，在泰國首都曼谷舉行東南亞國家聯盟外交部長會議。在這個會議產生了ASEAN十構想，而七月決定召開臨時動議，舉行東南亞國家聯盟十國會議。

這個動議是由主辦國泰國所提出的，希望在預定於七月召開的東南亞國家聯盟十國會議的東南亞國家聯盟外交部長會議之前，主要針對「中國的軍事威脅」進行意見的交換。同時也探討今後的「友好協助」。

當時的東南亞國家聯盟加盟國是泰國、印尼、馬來西亞、菲律賓、汶萊、新加坡六國，而這個構想是希望除了六國之外，再加入越南、寮國、柬埔寨、高棉四國，成為東南亞國家聯盟十國。

回顧歷史，這些國家以往從來沒有機會聚集在一起，所以，為了今後東南亞的和平與繁榮而言，這次眞的是意義重大的集會。因此，這個ＡＳＥＡＮ十構想深獲好評。

這個ＡＳＥＡＮ十構想，在當時是爲了互相協議對抗軍事力強化的中國爲目的而提出的構想，但是，解除經濟制裁則加速了這些構想的具體化。

從別的觀點來看這個構想，東南亞諸國在美國傘下並肩作戰。同樣是並肩作戰，但是體制和主義、主張不同的國家（高棉）全部齊集一堂，東南亞諸國合而爲一，從一個有意義的想法中，產生了十國構想。

在ＡＳＥＡＮ十構想當中，最受人期待的就是越南。以地政學來看，越南位於要衝位置，而且藉著刷新政策的推進，國力充實。此外，在東南亞諸國當中也擁有最強大的軍事力。這個軍事力如果指向同地區的東南亞諸國，會造成很大的困擾。但是，卻是能夠與中國軍事力對峙的強大抑止力。就這樣在東南亞國家聯盟諸國的考慮和戰略當中，推進ＡＳＥＡＮ十構想。

從俄羅斯軍事威脅下解放的中國，開始向南推進其軍事力。想要進行南進的軍事行動，就必須要增強海軍力。

根據具體的調查資料顯示，到西元兩千年爲止，將會以兩艘航空母艦爲支柱編成二艦隊，在海南島新設海洋局。這很明顯地就是有想要利用海軍力南進的意圖。

中國為了維持工業化的進展以及國民生活的高度化，必須確保新的能源。因此，需要佔領石油資源的寶庫南沙群島和西沙群島。尤其是推測石油埋藏量達十億桶的南沙群島，絕對不可能拱手讓給越南或東南亞國家聯盟諸國。

九四年越南的報紙報導了《從十五世紀時，南沙群島就已經是越南人的生活場所》，這篇報導提供了話題。這是由越南的考古學院所發表的調查結果。同時還說：「從南沙群島的南子島和鴻庥島挖掘出自十五世紀到十六世紀的陳、黎朝時代，在越南北部地方所使用的類似生活用品（陶器、盆、茶碗、花瓶、漁撈用的鎚子等）有三百五十多件……。」

報導在南沙群島挖掘出古越南的生活用品的事情之後，內外都展現了一致的態度，認為「南沙群島一直都是越南的領土」。

總之，對於想要藉著強大的軍事力實際支配南沙群島的中國而言，這的確是強力的牽制。

當然，東南亞國家聯盟各國為了阻止中國的南進，同時在南沙群島和西沙群島的主

## 越南與東南亞國家聯盟諸國

權問題上與中國對決，必須與所有的國家取得同一步調，認爲這樣才是上策。因此，推進ASEAN十構想，希望在美國傘下的東南亞諸國能夠並肩作戰。

因此，以東南亞諸國的存亡作賭注，促進ASEAN十構想。

回顧悠久的歷史，越南事實上是誕生於中國的文化圈，而且受中國軍事統治的時代非常地長。因此，越南人對於中國擁有親近和尊敬之念，可是也生存於它的軍事威脅下。

即使是即將迎向二十一世紀的來臨，現在仍然在這個歷史中生存。

越南和以往一樣，將中國視爲假想敵國，以對中國戰略爲國家的基本戰略。探討越南這個國家時，不要忘記這個嚴正的事實。

而對於東南亞聯盟諸國想要推進的ASESN十的構想，美國到底給與何種評價呢？美國的NSC（國家安全保障會議）正式發表支持ASEAN十構想。NSC所發表的支持內容，由以下三項目構成：

①ASEAN十構想能消除中南半島諸國的對立。

②越南、寮國、柬埔寨三國能夠納入東南亞經濟圈內。

③美國希望越南、寮國、柬埔寨三國，將來能夠進入APEC。

NSC的正式見解，由負責亞洲問題的部長克里斯多福發表出來，而ASEAN十構想則接受這個正式見解，積極地推進，在九五年允許越南加盟東南亞國家聯盟。

越南的國際化是以與東南亞國家聯盟的關係爲出發點。仔細想想，越南國際化（與東南亞國家聯盟的交流等）的促進，其契機在於美國解除對越經濟制裁。所以，在探討越南的國際化時，一定要考慮到美國。

因此，越南政府以與美國的關係正常化爲政務的第一目標。在九五年七月實現了與美國締結正式邦交的理想。

這次的正式邦交，使得長年被國際社會孤立的越南，重新回歸國際社會。因此，越南廣泛地展開國際活動。

## 2　促進國際化與三大課題

一九九五年七月十二日，越南終於實現歷經二十年歲月的與美國的正式邦交，躍升於國際舞臺之上。

在國際舞臺上登場是越南的願望，而越南政府也傾注所有的努力，付出了極大的犧牲。結果，的確建立了正式邦交，而越南的官民也都歡迎這個事實的到來。九四年解除對越經濟制裁，同時又加入了東南亞國家聯盟，所以，與美國的正式邦交的確是向前邁進了一大步。

在世界觀衆的守候之下，越南不斷地往上跳躍，終於躍升於國際化的舞臺上。在舞臺上登場的越南，遭遇到了越南的國際立場及國際義務的無可避免的大難題。而今後越南無可避免的難題包括：

① 遂行軍事任務

② 容忍政治妥協

③ 確保經濟發展

而**遂行軍事任務**，就是要貢獻對付中國的抑止力。要完成代替東南亞國家聯盟對中國發揮抑止力的使命，同時還必須提供美軍基地。根據最新的資料，比較中國和越南等東南亞國家聯盟諸國的軍事力，結果發現東南亞國家聯盟在各方面都無法與中國對抗。

東南亞國家聯盟希望納入美國的傘下，以越南爲橋頭堡與中國對峙，成爲抑制中國南進的力量。所以，越南加入東南亞國家聯盟比預定的時期更早。

這個軍事的責任隨著越南國際化的進行，變得更爲鮮明。表面上好像得到了經濟發展與國際化的優雅禮物，但事實上卻潛藏著實際的難題。先前也敘述過了，如果忘卻了這種軍事責任的話，則越南不可能國際化。

其次關於**容忍政治妥協**的這個問題。政治的妥協，就是指今後美國對於越南的人權外交的妥協。包括美國在內，先進諸國對於越南的人權外交，越南都必須要加以妥協，這是政府和國民都必須要容忍的事實。

以往，越南與來自諸外國的人權外交處處對決，尤其對於美國批評越南對待越僑的事件，越南將其視爲是一種干涉內政，絕不妥協。

越南現在面臨建國的最重要時期。建國的基本就是必須要掌握人心，而要掌握的國民的心，就要讓國民瞭解建國的重要性，進而協助建國的工作。

對於對人心的瞭解和歸結會造成阻礙的言語行動，即使知道那是民主主義的本質論，但是也必須要加以排除才行。

在這麼重要的時期，不希望曾捨棄國家的越僑們成爲建國的阻礙，這是政府和黨幹部（保守派）的想法。

在這種背景之下，對以往的人權外交持續對決的姿態。但是，隨著國際化的進行，不能夠再處處表現出對決的態度，必須在各種事務上都與諸外國妥協才行。因此，今後包括人權外交在內，要與所有的政治矛盾妥協，或是加以吸收，這是對於國際化的促進而言不可或缺的做法。

**經濟發展**也是越南所背負的一大責任。要繼續推進刷新政策，同時不斷地擴大與繁榮經濟。美國很快就會對於越南的最惠國待遇進行具體的檢討，給與最惠國待遇，就能使美國發揮投資國的魅力。

以往被視爲是能夠得到廉價勞動力的生產基地，爲投資對象國，但是一旦擁有最惠國待遇之後，就成爲出口產業的基地，同時有助於培養國內的基礎產業。如此一來，就能夠造成建國與產業構造的性質的變化，對越南而言的確是一大福音。

外國企業對越南的投資，從美國解除對越的經濟制裁的九四年開始擴大。到了成爲東南亞國家聯盟及與美國建立正式邦交的光明展望具體化的九五年，投資繼續成長。投資的內容具有幾項特徵。

也就是說，初期階段的投資是由臺灣、香港等華僑資本主導，但從九四年開始，變成日本、美國及韓國等先進國家的投資。到九五年以後，則在通信、港灣等基本建設相

胡志明市的電氣街。
外國的家電製品堆積如山

關範圍，及水泥、鋼鐵等基幹產業範圍進行大型投資。

以往，越南在經濟制裁的條件之下，對日本而言是不在投資保險範圍內的國家。因爲是社會主義國，要導入市場經濟本身就是很困難的事情。而越南在被解除了經濟制裁，同時加盟東南亞國家聯盟，以及與美國建立正式邦交之後，搖身一變成爲容易投資的國家。所以，連日本都將其納入投資保險的範圍內。因此，日本的企業積極進入越南。

日本、美國以及其他西方的先進諸國，當然不會忽略這個充滿魅力的投資國。西方先進諸國將人力、財力、技術注入越南，希望能夠得到很大的成果。

創造一個容易投資的環境，在早期就能夠開花結果。希望能夠建立一個讓各國將財力、人力注入投資國的投資系統。

但是，與這些期待相反的則是加盟東南亞國家聯盟之後，對越南造成極大的經濟負擔，就是加入了AFTA（東南亞國家聯盟自由貿易地區）。在地區內諸國的關稅抑制為百分之五以下，對於目前的越南而言，這個制度並不好。

考慮到加盟AFTA會造成不良影響，因此也進行了反對加入東南亞國家聯盟的國民集會。所以，對現在的越南而言，對AFTA的關心度極高。

希望AFTA不會成為越南產業成長的枷鎖。必須要持續注意AFTA的動態才行。

# 第二章　刷新政策是二十一世紀的哲學

## ——瞭解刷新政策就能認識真正的越南——

西貢大教堂。雖是佛教國家（大乘佛教），但教會很多，是法國統治時代的遺跡。

## 一 何謂刷新政策

現在越南備受世界矚目，就是因爲它雖是社會主義國家卻導入市場經濟，而且市場經濟發揮了功能。

這個市場經濟的導入是由於「刷新政策」所造成的。刷新政策就是「建立刷新政策中有四大政策，其中的一項政策就是導入市場經濟。刷新政策就是「建立新國家的變化」。

刷新政策的越南話是ĐôiMới，但在越南話當中並沒有ĐôiMới的這個單字。如果查字典的話就可以發現，Đôi是變化的意思，而Mới是新的意思。這兩個單字合在一起產生刷新的單字。

一九八六年十二月第二屆越南共產黨大會，脫離了以往的概念、思考、行動，決議《新變化》，以此爲口號而製造出刷新這個字。刷新政策使得越南政治、經濟的基本概念及基本戰略產生極大的轉換。這個大轉換就是捨棄了以往的社會主義（馬列主義），而開始「建立新國家變化的摸索」。具體而言，就是捨棄以往的官僚主義和分配經濟，

早晨胡志明市的中心街。
開始掃街，保持清潔的街道。

導入市場經濟、變更產業的政策，開始重新摸索社會主義路線。

自從一九七六年南北越統一之後，越南架構了社會主義體制，開始官僚主義的分配經濟。在社會體制下十年來，努力建立新國家，但是這個新的體制對於新的建國之路沒有任何的幫助，反而造成了阻礙。於是，在八六年要求「建國新變化」，召開了越南共產黨的黨大會。而這個「建國新變化」就是刷新政策。

於是，從以往的保守派體制中誕生了改革派體制。

刷新政策會讓人誤以爲只是單純的導入市場經濟的政策，但事實上並不是如此。八六年十二月的黨大會的口號刷新政策的基本政策，有以下四點：

① 變更社會主義路線。

② 重新評估產業政策。

③ 導入市場經濟。

④ 參與國際協助。

首先，關於第一個社會主義路線方面，體制的架構決定要花點時間慢慢地進行較好。

南北統一以來，越南將急速確立社會主義體制視爲是國家目標。但是，社會主義體制特有的官僚主義，對於越南的建國沒有任何的幫助。同時，也瞭解到越是急切想要轉換爲社會主義，越會造成極大的弊端。因此，達成一種共識，瞭解到要確立社會主義體制需要花較長的時期。所以，黨大會的決議是「越南社會主義共和國今後要多花點時間努力建設成社會主義的國家」。而在這時也一併決議出，胡志明思想爲國家建設的基本理念。

關於第二項重新評估產業政策論，首先就從國家必須要能夠自給自足糧食的問題開始討論。

## 表2—1　刷新政策的四大重點

| | |
|---|---|
| 社會主義路線 | • 否定以往性急的社會主義路線<br>認爲需要花較長的時間轉換爲社會主義國家。今後要多花點時間努力建設社會主義國家。 |
| 產業政策的變更 | • 從新評估以往重視重工業的政策<br>從重工業優先考量更換爲以農業爲主的政策。<br>將①糧食、食品，②消費財，③進口代替商品，指定爲三大增產商品。集中60%的投資加以培養。 |
| 導入市場經濟 | • 導入市場經濟，努力於經濟改革。<br>承認國營、公營以外資本主義的經營或個人經營的存在。<br>放棄以往以中央集權計劃經濟爲基本的理念。 |
| 參與國際協助 | • 積極參與國際分業、國際協助<br>不光是維持中南半島的和平，同時也必須要努力建立世界和平。 |

以往越南以培養重工業爲主的產業，視爲是產業政策的基本。但是，十年來以重工業爲優先考量的工業化政策，對於越南的建國沒有任何幫助。即使製造了許多的引擎、發電機，但是國民不可能吃這些東西而生存，而越南國民也瞭解這一點。所以，首先必須要使以糧食生產爲主體的農業、水產業復活才行。

在工業方面，也一併討論必須要轉換爲生活用品或代替進口商品等輕工業範圍。以輕工業爲主體的產業，勞動集約較多，能夠給與國民就業的機會。因此，這個議論頗受歡迎。

關於第三項導入市場經濟的問題，則是從以往的分配經濟中進行一百八十度的轉換，眞是非常大膽的經濟改革。從以往的中央集權的分配經濟，變成導入西方諸國的經濟體制的市場經濟，成爲基本的經濟改革。當然，國營、公營以外的個人經營或企業經營（在越南稱爲私企業）也得到認同，並承認一部分的私有財產。從這個時候開始，放棄了以往的官僚主義的計劃經濟。

關於第四項國際協助方面，以往越南是只考慮本國的利害而展現行動，但是現在已經反省這種做法。今後，希望能夠積極協助國際和平的架構。首先就從努力維持中南半島的和平開始，表明自己想要幫助國際的意向。以往越南和舊蘇聯及東歐諸國維持良好的關係，與西方諸國一直採取對立的姿態。但是，今後將轉換爲能夠與所有的國家共存的外交基本方針。

以上的四大基本問題，在黨大會中當成口號揭示出來。雖然有很多人認爲這些問題應該當成國家的基本政策，但是卻有人提出不同的理論，認爲這些大轉換不應該立刻成爲基本政策，因此首先以口號的方式提出。

## 二　刷新政策前的越南

刷新政策是一種口號，但是刷新政策的四大基本政策卻全都納入第四次的五年計劃中。第四次五年計劃是指從一九八六年到九〇年爲止的五年內國家營運的基本計劃。也就是說，國家營運的基本思考和基本政策，全部納入了刷新思想。

刷新政策以前的第二次五年計劃（七六―八〇年），以及第三次五年計劃（八一―八五年），是①早期確認社會主義體制，②培養以重工業爲主的產業，③以推進中央集權的計劃經濟爲梗概。所以，第四次五年計劃的思考和政策，與以往的想法完全相反，可以說是非常大膽的軌道修正做法。

第二次五年計劃期間以及第三次五年計劃期間的越南，是面臨考驗的十年。國民生活得非常地辛酸，不但沒有辦法培養產業，而且在國際上也陷入孤立無援的狀態中。在越戰中雖然戰勝了世界強國美國，但卻無法得到國際的評價，沒有來自外國的資源，因此物資及糧食極度缺乏，軍事費用膨脹、生活窮困、民心疲憊。對於國家產生極高的不信任感，對於社會主義體制也產生不信任感。八二年的黨大會中，提出生產不振的原因來自官僚主義。八五年的中央委員會也指出，官僚主義的補助金制度和分配經濟制度的弊端。

黨對於被指出的分配經濟弊端，設置了特別調查委員會，進行檢討，在年終推出了具體的對應措施。當時採用的具體因應措施是：①廢止配給制度，②給與的現金化，③斷絕對企業的輔助金。但是，製品價格的上揚以及通貨膨脹、物資缺乏的情況非常地顯著，於是八六年開始不得不再度採行豬肉和砂糖等的配給制度。

一九八六年是正式承認私企業的一年。這一年的四月，以往只在胡志明市才有的私企業，連河內市及達南市都可以擁有了。以往在越南為了打開財政赤字以及物價上揚造成經濟苦境的僵局，因此，許可只有在胡志明市才可以擁有五人以內的私企業（小規模的工商業個人經營），結果現在這個許可範圍已經擴大到河內市以及達南市。

當時，在國家基本路線的確立上一直持續的對立。像經濟計劃策定方面，出現「中央統治派」與「自由化推進派」的對立。而關於基本路線的構造問題方面，則出現政府行政部門與黨政治局的對立。而許可私企業的擴大措施，就是自由化推進派壓過中央統治派而造成的情況，藉此就可以瞭解到當時的時代背景。

這一年五月，黨幹部發表了呼籲黨的世代交替和不良黨員整理的論文，震驚了整個社會。這篇論文是黨的政治局員軍事委員會副委員長雷德特，在五月五日的黨機關報「人民（Nhan dan）」中發表出來的。

雷德特說明：「現在的越南是社會主義國家建設的重要時期，但是卻有阻礙想要推進國家建設的國民力量的東西存在。」而阻礙的要因和現狀分析如下：

「越南共產黨的黨員已經快要失去道義了。現在的越南不論在經濟或國民生活方面都出現不穩定的狀態。在這種困難時期，一部分黨幹部及下級幹部卻陷入官僚主義和保守主義中，對於國家建設喪失了慾望。在黨的歷史中，從來沒有如此嚴重的精神頹廢時期出現。爲了逃離現在的苦境，必須要進行黨幹部的世代交替，整理不良黨員。」

由此可知，當時的越南不論黨、政府及國民，全國都要求新的變化。黨、政府及國民都開始認識到，如果沒有新變化，越南就沒有辦法前進。就在這個時候，以往擔任黨書記長進行黨營運的雷朱安猝逝（八六年七月）。雷朱安出生於一九〇八年，享年七十八歲。雷朱安是繼承胡志明思想的禁慾社會主義者。年輕時在河內的鄉下鐵路局工作，一九三〇年進入當時的印度支那共產黨（在這一年成立），後來大約四十五年內一直致力於越南的民族解放運動及祖國統一運動。他的偉大功績就是在越南南部組織越盟，爲祖國的統一奔走（四五－五一年）。在南北越統一之後，他擔任共產黨書記長（七六年十二月），大約十年內，成爲社會主義國家建設的最高負責人，表現蠻勇的一面。但是天不從人願，雷朱安等人想要的理想社會國家並沒有建設完成，越南國家體制在雷朱安死去之後，產生很大的轉換。

當時，繼任的書記長是邱翁欽。邱翁欽和雷朱安同樣出生於一九〇八年，也在同年加入印度支那共產黨。兩人同年同期，是很好的朋友。但是，在黨內邱翁欽經常先走一、兩步。邱翁欽出生於北越的納姆丁，父親是學校的老師。對於重視家世的越南而言，他是良家子弟。進入當時只有家世好、頭腦聰明的人才能進入的國立大學就讀，在那兒認識了胡志明思想。一生都和胡志明一起前進。

在大學生時代的二十歲時，就在胡志明所主持的「越南革命青年同志會」中擔任書記。後來，年輕時的他經常待在獄中，或者是潛入「地下」。一九四一年，邱翁欽三十三歲時，被拔擢爲黨的書記長。從這時開始，他在黨的第一線非常活躍。曾擔任過黨中央委員、政治局員、總書記、副首相、國會常任委員會議長等要職。這位黨的大老邱翁欽後來成爲繼任的書記長。

當時越南的領導體制是以雷朱安（書記長）爲主，方邦東爲首相率領政府，而黨的長老級人物就是邱翁欽。這些領導者認爲早期的社會主義對於越南建國而言，是最理想的主義。分析實際的情況，認為促進社會主義的分配經濟，強力地推進早期的社會主義國家建設，才能夠脫離目前的窘境。因此，為了促進社會主義體制，而由邱翁欽擔任書記長。

但是，國民對此卻抱持著冷淡的態度，尤其是農民。由於集團農場化政策的失敗，因此農民對於政府抱持著極大的不信任感。因為不信任感，而發展為反政府運動。

先前敘述過，當時的輿論期待一些新的變化。所以，在國內充滿著要發現一些關鍵而產生新變化的動向。在這種時代背景當中，八六年十二月召開了第六屆共產黨大會。這時黨揭示的口號是刷新政策，原本擔任胡志明市人民委員會書記的政治局員關邦林，獲選擔任黨書記長。

## 三　揭開刷新政策的序幕與刷新政策的腳步

八六年十二月所舉辦的第六屆共產黨大會是波濤洶湧的大會。由邱翁欽代替這一年七月死去的雷朱安擔任書記長，他是第二、第三次計劃的主要人物。當時他和首相方邦東以及死去的前書記長雷朱安，一起為社會主義體制的架構及官僚主義的分配經濟的推進奔走，也就是保守派的領導者。在這一次大會中，持續十年過著窮困生活的國民，一起以嚴肅的態度面對這些領導者。尤其是農民們明顯地表現出對政府不信任的態度。甚至有些其他的領導者也自行批判自我。對於邱翁欽書記長、方邦東首相發洩心中的不滿，迫使他們不得不退卻。當時，越南舉國上下都尋求大而新的變化。

這次的黨大會，符合國民的欲求和國民的意思選出新的領導者。這時，在國民的期待下，登場的就是改革派的實力者關邦林以及波邦丘。因此，保守派的人退卻，改革派的人登場。

關邦林被拔擢爲改革派的旗手，就任書記長。關邦林的強勢力量，就是他雖然有自己的做法，可是卻有藉自己之手進行經濟改革的經驗（擔任胡志明市的書記時代）。

他對於越南建立新國家的具體政策，提出了以下的想法：

①不要急於建設社會主義體制，而要將國民思考的原點集中在胡志明思想上。
②產業振興要以輕工業爲主。
③同時要振興農業，當然也要改善集團農場化制度的弊端。
④廢除社會體制的特徵官僚主義。
⑤導入市場經濟。

他大膽的想法是：①進行農業改革，導入生產承包制，②承認擁有私有財產的私企業。而這些思想全都被接受，成爲刷新政策的基本理念。

這時「刷新政策」還不是政策，只是黨大會的口號而已。但是，根據這個刷新政策思想，成爲第四次五年計劃（八六—九〇年）的基本政策理念，而在第五次五年計劃（九一—九五年）中也持續引用。

集國民期待於一生而開始的刷新政策，在推進時卻遭遇到極大的苦難。

一九八七年是導入刷新政策的第二年，而黨大會是在八六年十二月召開的，因此實際上這一年是刷新政策的初年度。刷新政策初年度主要是希望大家能夠瞭解關於刷新政策的思想及理念等。但是，想要將這個思想和理念廣泛地滲透到國民中，並不是這麼簡單的事情。因爲，以往所推進的是完全相反的政策。所以，要重新評估以往社會主義的體制、早期架構政策、改革農業制度、變更產業方面的培育業種、否定官僚主義，以及要蛻變爲市場經濟。要推行這些政策，當然會遭受極大的困難及痛苦。

在這一年除了推進刷新政策以外，還有值得一提的事情，就是越南正式對於ＭＩＡ（失蹤美國士兵）的問題，開始與美國討論。從這一年開始直到今日爲止，越南政府持續努力，這一點在國際上也得到極高的評價。

另外一點就是，從這一年開始，實際上已經停止來自蘇聯的無償援助。對於蘇聯以往藉著無償援助的形勢利用合併事業等，所給與的支援和協助，必須要進行極大的轉換才行。

此外，這一年也是國內發生大混亂的一年。「刷新政策是什麼啊？」「國民應該怎麼做才好呢？」「將來可以期待一個什麼樣的國家出現呢？」開始努力讓所有的人瞭解，什麼是刷新政策。

這一年也就是八七年，國家財政爲赤字，通貨膨脹的情形非常嚴重。八八年及八九年雖然反覆進行同樣的努力，但是財政赤字及通貨膨脹持續擴大。刷新政策成爲第四次五年計劃的國家建設基本方針，但是並沒有很大的進步。在一九九〇年才開始出現效果。九〇年開始通貨膨脹的情形得以穩定、稻米豐收（農業改革成果）、來自外國的投資也增加了。在越南也從這一年開始才認同刷新政策。

越南經濟在一九八八年跌到谷底，但後來刷新的效果在各處出現，因此第五次五年計劃也繼續推進刷新政策。

九一年是第五次五年計劃（九一－九五年）的開始年。這一年有一些較大的動向出現，整理叙述如下：

三月　美國政府代表團進入河內

四月　發表美越關係正常化藍圖

六月　召開第七屆黨大會（決議以刷新政策爲國家基本政策）

十一月　與中國建立正式邦交

十二月　召開第十屆國會

（A）三月時，美國接受越南的邀請，美國政府代表團進入河內。就POW（越南俘虜美國士兵）、MIA（失蹤美國士兵）的問題開始進行協議。

（B）四月時，由當時的國務次長索羅門發表美越正式邦交藍圖。這個藍圖由四階段所構成，在第三階段規定要解除對越經濟制裁，第四階段則是兩國的正式邦交。

（C）由於舊蘇聯的瓦解，從這一年開始來自蘇聯的援助完全停止。進出口的結算從以往使用的盧布變成美元。

（D）六月召開第七屆黨大會。在大會中稱讚刷新政策，決議將其列爲國家基本政策。此外，同時決定：①在過渡期的社會主義建設綱領，②到西元二千年爲止的經濟、社會安定與發展戰略。

「在過渡期的社會主義建設綱領」以及「到二千年爲止的經濟、社會的安定與發展

### 表2—2　91年4月美國所發表的美越正式邦交藍圖

| | |
|---|---|
| 第1階段 | 聯合國承認柬埔寨和平案<br>開始美、越正式邦交的交涉<br>協助 MIA（失蹤美軍問題） |
| 第2階段 | 聯合國部隊進入柬埔寨<br>承認美國企業基礎的商談<br>◎解除一部分的對越經濟制裁 |
| 第3階段 | MIA 的調查擴大<br>雙方代表部的設置（需要六個月後達成柬埔寨的和平）<br>關於人道案件給於融資支援<br>◎全面解除對越經濟制裁 |
| 第4階段 | 柬埔寨實施自由選舉<br>美、越建立正式邦交<br>經濟援助的正式再開 |

戰略」是推進刷新政策的基本戰略。

注意到蘇聯、東歐社會主義體制的瓦解之後，關於「過渡期的社會主義建設綱領」，各處都可以看到黨領導部的困惑及苦惱。但是，在綱領中也具體地叙述黨領導部的思考與戰略。思考部分，也就是認識的方面如下：

「蘇聯、東歐的瓦解，是因爲不改善馬列主義的老舊模式，以及科學、技術的刷新太慢所造成的。」

「帝國主義者們打算利用這次的蘇聯瓦解，而排除社會主義。所以今後社會主義和帝國主義要持續對立。」

其次是戰略部分。在這個戰略部分中，也可以看出黨領導部之間的不和諧。

其中一部分如下：

「越南的國家基本戰略是社會主義國家的建設以及國家防衛。現在世界已經由與社會主義與帝國主義的對立而成立。因此，越南必須要與帝國主義陣營對決才行。越南爲了推進社會主義國家的建設，結合國內力量與國際的力量是很重要的。而最重要的則是科學技術革命與經濟的相互依賴。」

「爲了建設社會主義國家，必須要吸收有利的國際條件，爲了達到和平、獨立、民主、社會的進步，對於世界人民共通事業要積極地貢獻。」

「不可以輕視國防。國防與國家建設有密切的關係，這是越南的特徵。在越南可以辦到『戰鬥與生存的結合』。」

在最後則書寫綱領的具體目標。綱領的概要如下：

「現在的越南正處於社會主義建設的過渡期。以階段而言，還在初級階段。社會主義國家建設的最終目標，是完成社會主義的政治的、經濟的、文化的、社會的基礎等，要基於自己的立場，發展新的社會。在過渡期的初期階段的目標，就是透過全面的刷新政策，穩固政治、經濟、社會生活，使其安定化，同時也爲中期、後期階段的發展鋪路。在初期階段結束之前必須提升社會生產性及經濟的效率，個人GNP至少要增加爲現在的兩倍。在初期階段，需要兩次到三次的五年計劃期間。」

也就是說，將以往以早期架構爲目的的社會主義體制的建立做大轉換，首先要先建立社會主義的基礎。而這個基礎需要花十年到十五年長時間才能夠建立起來。這一點成爲諸外國認識越南的重要因素，因此備受注意。

「到西元二千年爲止的經濟、社會的安定與發展戰略」，則提出邁入西元二千年的具體目標數字。主要如下：

◎人口　八千萬人（人口增加率努力維持在一·八％以下）
◎就業人口　四千五百萬人
◎糧食生產量　三千萬噸（比九〇年增加五〇％）
◎水產物生產量　一百五十萬噸（九〇年的實績爲一百萬噸）
◎煤生產量　一千萬噸
◎發電量　九〇年基準的三倍
◎個人國民所得　五百美元
◎通貨膨脹率　年間抑制在十％以下
◎出口工業的振興　努力進行數十萬美元的生產（ＯＥＭ生產、合併企業的設立、

與外國企業互助推進等）

◎石油精製工廠、石油化學工廠的建設

◎促進輸送、通信等基本建設

同時讚賞刷新政策的正當性，對於刷新政策之前，國家營運的過錯進行自我批判。認為導入刷新政策是正確的做法，是本次大會的特徵之一。其概要如下：

「越南最大的過錯，就是整個國家所擁有的官僚制度。這個制度留下很多負面的後遺症。越南藉著教條主義、機械主觀主義來推進社會主義的建設。投資偏重於重工業，而且只想進行大規模的投資，以這樣的方式推進建設。想要廢止私有制的經濟形態，國營或公營等集團經濟太過於重視形式化。管理系統藉著行政命令和現物交換來營運，否認商品經濟與市場機構，的確是不合效率的做法。但是，在一九八六年第六屆大會中確立刷新方針，因此產生重要的變化。通貨膨脹率降低，國民開始恢復笑容。現在國民又恢復了工作的慾望，尤其鼓勵農業生產，因此稻米的生產量急速增加，能夠出口。但是，這一些腳步還不踏實，現在還殘留著古老錯誤的後遺症，產生許多新的困難。因此，越南共產黨支持刷新方針，期待嶄新的開始。」

（E）十一月實現與中國的正式邦交。與中國在一九七七年開始關係惡化，拒絕來自中國的援助。七九年遭遇中國的懲罰攻擊，八二年成立反中宣言，八四年開始摸索正常化之路。中國以越南協助柬埔寨和平為契機，再次與越南恢復正式邦交。

（F） 從十二月十日開始到二十六日為止所召開的第十屆國會，是深具意義的國會。閣僚委員會策定第五次五年計劃的基本政策，而六月的黨大會決定接受刷新政策，國會正式承認刷新政策為國家的基本政策。

先前也敘述過，刷新政策的基本骨幹是由四個項目所構成的，在基本理念之下，策定推進新的刷新政策。第十屆國會所承認的刷新政策更為具體，主要的政策如下：

(1)、今後還要持續努力抑制通貨膨脹，或加以消除。

(2)、致力於經濟財政制度的穩定化，努力提高經濟成長與社會生產的成果，希望增加資本的蓄積。發展主要產業範圍，同時努力創造雇用機會。

(3)、規定成為國家基幹產業的產業，展開促進基幹產業及主要經濟計劃。在早期策定實施發展步調較慢的山岳部的經濟社會發展計劃。

(4)、努力穩定國民物質、文化的生活，或在早期加以改善。因此，要培養產業基礎，促進國民的雇用。國家率先刷新薪資制度。充分留意健康行政。尤其必須要留意山岳部及少數民族居住地的醫療行政。

(5)、調和、改革經濟社會的管理政策，在組織、活動、人員管理等各範圍也要進行良好調和的改革。

(6)、國家的營運以秩序和規律爲基本。因此，對於犯罪和不法行爲要持續展開鬥爭，強化取締貪污、瀆職及走私。

(7)、強化國防、努力維持治安與秩序的穩定。此外，強化國防就能提高政治的安定，得到國際社會的信賴。

## 四　農業改革對刷新政策發揮的作用

越南是社會主義國家，因此不承認土地的私有權。所以，不能夠進行農地改革，可是卻實行了與諸外國所進行的農業改革相匹敵的農業改革。這個農業改革對於刷新政策具有極大的作用。甚至有人說：「越南的刷新政策是依賴農業改革而建立起來的。」對於建國發揮了極大的作用。

農業改革的一大意義就是：①廢止身分制，達到平等（財富與意識的平等），②創造勞動意識。

越南的農業改革需要較長的期間，但是卻給與農民勞動慾望、生命的喜悅，以及對未來的新希望。農民的力量誕生了刷新政策、推進了刷新政策，支持現在的越南。

仔細想想，迫使黨大會策定刷新政策的也是農民運動。農民反政府運動以黨大會爲舞臺，使得黨、政府進行自我批判。而自我批判的結果認爲必須要刷新建國的一切政策，因此產生了刷新政策。

以農民運動爲開端的農業政策，建立了刷新政策這種國家的基本政策，使得刷新政策順利地推進。所以，農業政策發揮了支撐的力量。

越南藉著農業改革的成功，使得糧食自給率達到百分之百。現在，農業成爲越南的產業、經濟的根幹。在探討越南的農業時（基於其歷史的背景），必須要將越南分爲北越農業和南越農業，分別來探討。

十七度線以北的北越，在一九五八年以後採用「農業的集團化方式」。決定採行「農業集團化、工商業國營化與經濟、文化發展三年計劃」時，將其策定爲國家的基本計劃。

藉著強力的指導推進「農業的集團化方式」，到了六〇年末時，大致完成了集團化

**表2—3　北越的農業投資與產量**

| | 農業建設投資 | 農業機械等的投資 | 肥料投資 | 生產量（稻米生產） |
|---|---|---|---|---|
| | （百萬噸） | （百萬噸） | （萬噸） | （萬噸） |
| 1958 | 47.2 | 41.2 | – | 458 |
| 1960 | 69.0 | 51.7 | 11 | 429 |
| 1962 | 149.5 | 106.6 | 20 | 453 |
| 1964 | 177.2 | 137.3 | 24 | 458 |
| 1966 | 184.7 | 145.4 | 18 | 424 |
| 1968 | 132.2 | 107.1 | 25 | 382 |
| 1970 | 171.5 | 116.5 | 43 | 456 |
| 1972 | 239.7 | 170.4 | 40 | 499 |
| 1974 | 281.8 | 186.3 | 69 | 554 |
| 1975 | 271.0 | 175.2 | 76 | 487 |

（資料）由越南經濟研究所作成

的基本形態。農家總戶數的八十五％都加入合作社（農家的集團組織）。因此，在六〇年以後，將合作社視爲是生產和營運的單位，由合作社管理委員會進行指導。

合作社管理委員會請農民負責生產，制定承包的規範。一般稱爲三承包制。

這個制度是合作社管理委員會給與農民：①生產量、②生產費、③勞動點數三個指標，如果達成目標時則給與鼓勵，未達成的話則要給與懲罰。

一九六〇年稱爲六〇年憲法，規定再統一的憲法公布了。是南越民族解放戰線結成的一年，也是越戰開戰的一年。不論在軍事或經濟，都是非常窮困的時期。

為了支援戰爭，政府鼓勵糧食生產，尤其是紅河三角州，大量投入種稻的肥料和農業機械。這個肥料和農業機械是來自舊蘇聯的援助而投入的。

六〇年開始的越戰，結果持續到七五年為止。由於美軍轟炸北越，因此戰爭造成的損害，使得農業生產無法展現成果。

越戰當時米的生產量為五百萬噸（表2—3），而不足的糧食全都依賴來自蘇聯的援助。在這個時代，合作社繼續集團農產方式，堅持三承包制的農業制度。

在七五年的越戰中越南戰勝美國，七六年終於完成統一，農業制度依然承襲以往的三承包制。三承包制更為強化，希望能增強生產。

**◎統一以後的農業**

南北統一之後，農業政策沒有什麼改變。以紅河流域為主的北越農業，則採取①耕地面積的擴大，②農民量的擴大兩大擴大政策。

為了增加生產量，從需要擴大耕地的單純邏輯開始，強化這個政策。此外，認為只要增加農民的數目，就能夠增加生產量，在政府內部有這種單純的想法。完全沒有提升技術水準或生產性的概念，只是進行增強勞動力及填埋耕地的工程。

先前敘述過，三承包制承襲了以往的制度。而這時的特徵就是促進了機械化與專門化。機械化與專門化是由專門隊來進行的。專門隊負責①農地的灌漑，②起耕，③搬運等工作。來自舊蘇聯援助物資，搬運的重機械和車輛、農機具等，使用在農業上。

專門隊進行機械化和專業化的傾向，爲了日後繼續能夠強化、擴大規模，因此合作社逐漸形成官僚作風、中央集權化。貪污、瀆職、不正當行爲、浪費橫行，失去了合作社的相互信賴關係。

產量並沒有增加。重機械和建設機械的投資、機械設備的投資積極進行，而且投入大量的肥料（來自舊蘇聯的援助物資），雖然政府不斷地努力，但是生產並沒有增加，一直維持五百萬噸左右的生產量。

南越自南北統一以來，並沒有修正北越的農業制度，而直接導入北越的農業制度。政府在七七年策定「南部農業的社會主義改造政策」，沒收大地主及農村資產階級的土地，成立合作社，農民們在合作社的三承包制度當中被強迫工作。而政府強力推行這個制度，到七九年爲止，成立的兩百七十四家合作社，生產團體達到一萬三千多處。但是，這個合作社制度只有這一年發揮了機能。到了八〇年時，對於合作社制度不滿的農民在各地發生暴動。八〇年這一年，遇到了低溫及洪水等天然災害，農民因爲農作歉收而痛苦。所以農民暴動，發展爲反政府運動。反政府運動甚至導致合作社及生產集團解體的惡劣事態。南越統一之後，很快地面臨到極大的社會不安問題。農民中有的人捨棄土地或是農村，甚至有很多人捨棄了國家。

這時五〇%的合作社，七〇%以上的生產集團解體，而南越的集團農場化在這時遇到挫折。以反政府運動爲契機，農民在各地成立農地的歸還運動。農民運動得到南越衆人的同情，發展爲大規模的國民運動。以往的農民運動只是南越的國民運動，但是以此爲契機，促使日後越南建國的大變化。

對於這一類國民運動感到震驚的政府，在八一開始導入「最終生產物承包制」，想要渡過這次的難關。「最終生產物承包制」從八一年到八七年持續了好幾年，在這個制度實施期間內，越南建國制度也產生了很大的轉換。首先，就是在八二年召開了第五屆共產黨大會，決議以下四點：

①爲了確保糧食，必須擴大農業。

②擴大與生活有關的消費財生產。擴大進口代替商品的生產。

③強化南越的社會主義改造。

④強化國防。

第四屆黨大會（七六年召開），決議利用重工業產業來建國，但是六年後的第五屆黨大會中則迅速修正，決議關於農業問題及輕工業振興的政策轉換。

八六年發表第四次經濟五年計劃。這個計劃以三大目標和四項減輕爲主題而登場。三大目標是指：①擴大糧食生產，②擴大消費財的生產，③擴大出口商品的生產。四項減輕是指：①減輕物價上升，②減輕通貨膨脹，③減輕預算補正，④減輕國民生活的窮困。這個計劃在這一年（八六年）十二月所召開的第六屆黨大會中提出。

這次黨大會中，責難以往黨、政府所進行的基本政策，決議刷新以往所有的政策，進行大轉換。三大目標和四項減輕全都被納入計劃中，而新的刷新政策從此誕生。這個刷新政策的大支柱，也就是基本政策有四項，而農業問題也納入基本政策中。

從七七年開始，南越進行農業實驗改造過了九年，因爲農民鬥爭而使得越南農業上了軌道。最大的收穫則是以農民鬥爭與農民運動爲契機，而策定了刷新政策這個國家的基本政策。

刷新政策因爲南越農民的暴動而產生，成爲一種國民運動及反政府運動，集結了各地的能量。如果沒有提起這種農業改革的話，則現在也不可能實施刷新政策，不可能建立越南的國家發展。

政治局十號決議的發表是在八八年提出的，從這一年開始農業制度改變了。從以往的「最終生產物承包制」變爲「能力承包制」，而這個制度一直持續到現在。

十號決議（關於農業經濟管理刷新的政治局決議第十號），使得越南農業實現了活性化和產量的增加。能力承包制受到農民的歡迎，增加了農民的工作慾望。農民們提高農地的集約度及生產性，促進多期作、多毛作。此外，還導入高收穫的新品種，同時促進技術的導入。

越南農業藉著十號決議改革農業，增大了生產量，從八九年開始成爲稻米出口國。每年會出口一百五十萬噸到兩百萬噸的米，九四年的實績數字在世界上爲排名第三的稻米出口國。這個十號決議，中斷了以往越南共產黨一貫推進的農業政策的基本農業集團化政策，事實上，可以說是放棄了這種政策。符合市場經濟體制，與體制同調的農業政策從此誕生。

從十號決議中發現了一些重要的內容。各項整理書寫如下：

①　重新評估經濟效率較低、收穫較少的集團組織。

②　導入「能力承包制」代替「最終生產物承包制」。

③　導入投標承包制。

④　爲了促進能力主義以及專門化，而促進勞動的再編成。

　　在越南農業改變後不久，九一年舊蘇聯瓦解。對越南而言具有積極的作用。舊蘇聯瓦解，使得導入刷新政策的越南擁有大量來自西方諸國的資金和技術的流入。尤其是華人資本的流入，支撐著越南的建國。如果舊蘇聯沒有瓦解的話，恐怕越南無法受人矚目。

**表2—4　米的生產與出口**

（單位：萬噸）

| | 米的生產量 | 米的出口 |
|---|---|---|
| 86年 | 1,600 | 進口國 |
| 87年 | 1,510 | 進口國 |
| 88年 | 1,700 | 進口國 |
| 89年 | 1,899 | 142 |
| 90年 | 1,920 | 162 |
| 91年 | 1,960 | 103 |
| 92年 | 2,160 | 195 |
| 93年 | 2,230 | 180 |
| 94年 | 2,620（推定） | 195（推定） |
| 95年 | 2,750（目標） | 200（目標） |

（資料）由越南經濟研究所作成

　　越南的發展是藉著：①農民的反政府運動，②刷新政策的導入，③十號決議所提出的農業改革，④舊蘇聯的瓦解等各種要因相輔相成發揮機能而促進的。因此，越南在九四年美國解除了對越經濟制裁，而九五年又與美國建立正式邦交。

　　越南內外都展現極大的可能性，躍登於國際舞臺之上。而成爲推進國際化根源的農業改革誕生了刷新政策。總之，大家必須要認識農業改革發揮了極大的作用。

## 五　刷新政策在憲法中成文化，成為國家的基本政策

一九九二年四月，刷新政策在修改憲法中成文化，堂堂正正地成爲越南國家建設的基本政策。在以往只不過是建國口號的刷新政策，成爲國家的基本法，其意義非凡。

修改憲法也可以稱爲「刷新憲法」。憲法所規定的經濟刷新政策當中的要點如下：

(1)、國家要確認國家管理及社會主義的方向，致力於市場經濟的導入，發展多部門商品經濟。

(2)、多部門經濟構造的型態：①爲全人民所有，②集團所有，③私有。其中以全人民所有和集團所有的制度爲中心。

(3)、國家經濟政策的目標是使國家繁榮、滿足國民物質與精神的需求。爲了達成這個目標，所有的國民都必須要通力合作。也就是說，國家、團體、個人、私營資本家、國家資本家等都要發揮力量，促進物質或技術的基本建設，致力於經濟、科學技術協助的擴大。透過經濟和科學技術，達到與世界市場的交流。

(4)、國家的土地必須以因循擴大經濟目標的目的來使用。土地的使用如果能展現成

河內商業街的街角。現在到處都可以看到路邊販賣水果的攤販

果時，則這個土地使用的計劃按照法律規定承認其使用權。這時，可以擁有土地長期的使用權，但土地的使用者必須保護土地，使土地豐饒，負有開發土地的責任。在促進土地活用的目的下，也可以將土地使用權轉讓給他人。

(5)、發揮經濟營運中心作用的國營企業，必須對於國家經濟進行指導。國營企業在生產及販賣等事業擁有自治權，而對於本身的經營必須負責任。

(6)、企業擁有自主性，基於與民主主義互惠的原則而營運。企業經營方面，勞動者可以提供資金和勞動力，進行合併生產活動及事業活動。

(7)、個人及私營經營者可以按照自己的

選擇，選擇生產事業的業種。這個事業經營必須是對國家及國民有利的事情，才不會受到任何的限制。

⑻、各種企業對於國家都必須要盡義務。而另外一方面，國家也必須要保護企業的資金、資產。

⑼、各種企業要按照法律的規定，進行與外國企業的合併及協助活動。

⑽、各界的合法資產不是國有化的對象。但是，如果對於國防及安全保障、國家利益而言絕對必要時，則基於市場實價購買或給與補償後徵用。

⑾、國家鼓勵外國人或外國企業對於越南的投資，不過要按照越南法及國際法的慣例來進行。同時是指對越南的資本、技術的投資。

⑿、國家保證外國人或外國企業投資的合法資金、資產及其他利益的所有權。與外國的合併公司，不管在任何情況下都不能將其視爲國有化的對象。

修改憲法一方面堅持社會主義體制，但是實際上已經規定出朝向市場經濟的大轉換。而對於來自外國的投資，也有很多的彈性規定，這一點也可以說是修改憲法的一大特徵。而憲法中已經成文化的「刷新政策」備受世界的矚目，而不斷地成長。因此，對於刷新政策的推進，衆人也會對它抱持著極深的關心度，注視著它的發展。

# 第三章　越南的社會主義

## ——越南眞的是社會主義國嗎——

般若堂與胡志明的肖像以及吊燈。可說是越南特有物。

一九九五年七月十二日，越南與美國建立正式邦交。這個正式邦交是藉著美國和越南急速接近而實現的。美國爲了迅速確保在亞洲的軍事據點，因此，希望與成爲軍事據點的越南建立正式邦交。

另外一方面，越南也希望能夠盡早躍升於國際舞臺之上，而不斷地摸索。與美國建立正式邦交，不僅能夠使得國際政治穩定，同時也隱藏著希望投資和貿易擴大的經濟的因素在內。

越南和美國可以說互相利用，利害相關。所以這次的正式邦交進展快速。

美越的急速接近，兩國的關係改善，對日本而言也是一大佳音。因爲這麼做會成爲促進日越關係的強力援軍。但是，要加深與越南之間的交流，還是有一些問題必須要考慮。

也就是越南的社會主義問題。大家認爲現在的越南「雖是社會主義國，但是卻是導入市場經濟的國家。所以不久之後，就會遇到這個體制的矛盾面……」

此外，也有人說：「刷新政策只有在一黨獨裁的社會主義的範圍內才能成長，已經到達一個界限了。」

另外一方面，有些看法比較大膽的學者則認爲：「越南會捨棄社會主義，藉著刷新政策之名而邁進資本主義。」

但是，對於越南共產黨之間出現不協調情況，有些學者感到非常擔心。他們認爲：「越南共產黨現在已經不是一片完整的岩石。推進刷新政策的改革派以及利用胡志明思想武裝的保守派（昔日的主流派）已經形成分裂狀態。現在以刷新推進派爲主，但是保守派絕對不會放任不管。由於保、革力量的抗爭，對於現在成長的安定會造成極大的阻礙。」

到底何者的分析才是正確的見解呢？在此缺乏可以加以證明的資料。熟悉國際問題的著名學者，認爲越南社會主義是：「越南是完全的社會主義國。現在所推進的刷新政策是社會主義的刷新政策，他們會堅持社會主義體制。」但是，這個解釋卻有基本的誤謬存在。

土地政策、私企業育成政策、外資政策、金融政策以及農業政策等等，都可以看出現在的越南已經確立了市場經濟體制的制度。前述的著名學者評論越南是「社會主義的刷新」，這只不過是一種理論的展開，並不是實際情形。

考慮到現在的越南，尤其考慮到越南社會主義時，會遇到許多不同的批評。不過，目前到底哪一種評論是正確的？哪一個分析是正確的？無法判斷。

可是，如果要正確地瞭解越南，首先要檢證越南社會主義的歷史，以及越南社會主義的基本概念。

# 一　越南社會主義的歷史

## 1　三大革命潮流時代

一九七六年南北越正式統一，越南成為社會主義國。這時的越南，在東南亞是最初達成民族民主主義的國家，引起世界極大的關心。最關心的是，世界第一強國美國竟然被越南打敗。

在越戰中獲勝的國家越南，由胡志明所率領的這個國家，到底是會發展成什麼樣的國家呢？雖是社會主義國，但是會使用何種國家體制架構呢？當時胡志明策定越南建國的五年計劃，當成建國的基本。

這個五年計劃（七六—八〇年）的梗概，國家建設的概念就是社會主義國的早期建設，以及防衛國土。社會主義國建設的方法是中央集權的國家管理，以及以重工業為主的產業的培育。而防衛國土的基本概念，則是與帝國主義勢力對決而獲勝，同時希望對世界和平有所貢獻。

當時胡志明所率領的黨執行部，利用三大革命潮流共通的世界認識來武裝。這個概念在「三大革命潮流的戰略攻勢論」中加以討論。在此所說的三大革命潮流，是指以下三點：

①越南社會主義體制的早期發展。

②亞洲、非洲、中南美洲諸國的民族開放運動的發展。

③資本主義國的勞動運動的發展。

以這些世界認識爲背景，而開始的越南建國之路，不到十年就遭遇了挫折。武力進攻柬埔寨、中越戰爭、難民的大量流出、糧食困難、農民運動、反政府運動以及生活困苦等，導致政治、經濟的混亂，在國際上陷入孤立無援的狀態中。因此，必須放棄五年計劃以及三大革命潮流的世界觀。

這時登場的就是刷新政策。

## 2　刷新政策的初期階段是共存的時代

在政治和經濟上都已經走入死胡同的越南，開始出現了刷新政策。刷新政策是在一九八六年十二月所舉辦的第六屆共產黨大會中提出。

這一年七月，原本擔任黨書記長的社會主義建設的主要領導者雷朱安突然死去。雷朱安是馬列主義者，在黨內為實踐派，支持胡志明。而雷朱安死去使得改革派崛起，揭開了刷新政策的序幕。

「雷朱安也有改革思想，因此應該要轉換成繼承雷朱安時代的刷新政策。」雖然有人這麼說，但是一般人認為這個分析並不恰當。

雷朱安不是理論派而是實務派，最適合擔任越南統一後復興時期的書記長。

他一直站在馬列理想社會主義國建設的陣容前面。他以理想的社會主義國的早期建設、以重化學工業為主的產業培養，和中央集權國家管理的強化為建國的基本理念。因此，他就任書記長的寶座之後，應該不會進行類似刷新政策的體制改革，這種想法較為妥當。

但是，先前認為「繼續雷朱安時代，應該要轉換為刷新政策」的分析，也不是毫無根據的。如果要勉強回答這個問題的話，那麼可以找到以下兩種的可能性：

⑴、雷朱安從四五年到五一年為止的期間，曾經在南越領導越盟。當時南越被法國佔領，在資本主義的體制下。

而這六年來，他多多少少瞭解了資本主義，因此可能考慮到要改變體制，來打破八六年的政治、經濟的瓶頸。

⑵、雷朱安承襲胡志明思想，因此在七六年胡志明主席委任他擔任黨書記長的重責大任。胡志明的社會主義並不拘泥於馬列主義，而是超越主義主張的現實路線。因此，雷朱安認為要打破八六年時的僵局，應該要根本地進行體制的改革。

但是，從黨綱領和政府的政策等來看，如果要承襲雷朱安時代，應該不會轉換為刷新政策吧！

在日本，一般人認為刷新政策應該是「導入市場經濟政策」。事實上，刷新政策的理念與政策不只如此而已。所謂刷新政策是指：①體制、②經濟、③產業、④外交等各方面的刷新政策。

以往對於「在早期應該要進行社會主義體制的確立」的認識，成為「應該要花較長的期間來建立社會主義體制的基礎」，因此大膽變更了以往的路線。這是值得一提的事情。因此，刷新政策初期階段（一九八六年第六屆黨大會到九一年的第七屆黨大會爲止），黨的基本認識產生了很大的基本變化。

從以往的「集結三大革命潮流對決」轉換爲共存的時代，黨領導部的文書不再出現對決這樣的文字，取而代之的則是出現民族力量與時代力量結合的文字。

民族力量與時代力量結合的概念不容易讓人瞭解，但是以相關文書來判斷的話，則是「政治體制不同的國家，一方面展開鬥爭，一方面共存」。換言之，就是「社會主義國與資本主義國在政治上對決，但在經濟面卻互助合作，對於世界人民的利益及和平有所貢獻。」

以往是「與非社會主義國對決」的概念，變成了「與非社會主義國共存」的國家基本戰略。這可以說是刷新政策最大的成果。

決議將刷新政策當成黨口號的翌年，也就是一九八七年（七月），黨領導部策定國防基本戰略。八八年（五月）策定外交方針的基本戰略。

國防基本戰略（由六個項目構成）就是要緩和與外國之間的緊張情勢，同時改善軍隊的體質。尤其要避免與中國的軍事衝突，而且要將軍隊從柬埔寨完全撤退出來。對這些受到世界責難的軍事行動，開始重新評估其價值，希望能夠與世界共存。

而外交方針的基本戰略，則是貫徹共存的精神，將此當成基本的理念。外交戰略稱爲「外交問題的刷新政策」，由以下五個項目所構成：

①　在現代，世界戰爭已經失去意義。

②　應該和平解決區域戰爭。

③　柬埔寨問題在政治上應該早期正常化。而且對中、對美關係也要早期正常化。

④　應減輕軍事費用。

⑤　吸收國際條件，促進經濟發展。

大家可能很難瞭解第五項吸收國際條件的說法，因此在這裡說明一下。也就是說，如果詳細閱讀外交方針的基本戰略，就可以有以下的瞭解。

「現在世界情勢是流動的，國際環境的變化瞬息萬變。因此，革命任務（社會主義建設及祖國防衛）也必須變化才行。我們要吸收有力的國際條件，努力進行適合時代的經濟發展。我們要吸收社會的要因與時代的要因，與其共存，同時使發展上軌道。」

從三大革命潮流時代來看，這個共存概念的確是一大進步。

在一九八九年以後，蘇聯、東歐的社會主義體制瓦解，因此越南直接、間接地受到了極大的影響。以往持續擁有的經濟援助被迫停止，同時也失去了很多寶貴的同盟國。這時關於蘇聯與東歐的瓦解，黨政治局認爲：「要以蘇聯、東歐的瓦解爲教訓，更積極地參與國際經濟活動才行。」

另外一方面，對於以往蘇聯在國際社會中的活動則說：「蘇聯及東歐國民是最值得信賴的同盟者。蘇聯的存在是偉大的，所以帝國主義者不可以獨佔核子武器。」給與蘇聯最大的評價。而以蘇聯、東歐的瓦解爲契機，越南積極參與國際，以及吸收國際條件。也就是說，社會主義體制的瓦解，加速了越南吸收國際條件，而且促進了越南參與國際，與國際共存。

## 3　刷新政策的中期階段是矛盾與苦惱的階段

刷新政策分爲三階段：

① 導入刷新政策的初期階段（從八六年的第六屆黨大會到九一年的第七屆黨大會爲止）

② 爲了穩定刷新政策而經歷的矛盾與痛苦糾纏的時期（從九一年黨大會之後到九

五年美越建立正式邦交爲止的五年內）

③　刷新政策的成熟期（從九五年美越建立正式邦交以後）

一九九一年六月的第七屆黨大會，越南的社會主義體制產生了很大的變化。蘇聯、東歐諸國的社會主義體制瓦解之後，最初的黨大會中，到處出現黨指導部的不協調、政策的不協調及戰略的不協調之聲。

越南是曾經經歷過市場經濟的國家，因此要讓蘇聯型計劃經濟直接滲透到國家裡，是非常痛苦的事情。

從長期戰亂中好不容易穩定下來，依賴來自蘇聯的援助的北越，能夠迅速地導入蘇聯型社會主義，但是南越國民卻對於蘇聯型社會主義產生極大的排斥反應。但是，在胡志明和雷朱安的強權之下，南越也只好導入蘇聯型社會主義。

但是，在越南的蘇聯型社會主義完全無法發揮機能，因此在一九八六年不得不採用刷新政策。刷新政策眞正的意義就是放棄所有蘇聯型社會主義，逃離官僚主義，導入市場經濟。

刷新政策即將上軌道時，卻出現了蘇聯瓦解的事件。這時就可以證明刷新政策的正當性。因此，第七屆黨大會（一九九一年六月）雖然充滿著不安與疑惑、不調和，但是卻是備受矚目的大會。

以這時爲交界，越南產生極大的改變，這也是理所當然的事情。

第七屆（九一年）黨大會決議「過渡期的社會主義建設綱領」。這個概念可以說是現在越南國家營運的基本思考以及戰略。

面臨蘇俄瓦解的事態，這時黨指導部的不協調之音達到極限。

如果搗碎前述的綱領來加以檢證的話，就可以知道這個不協調之音到底是怎麼一回事了。這個不協調之音在表現和敘述的矛盾上，處處可見。綱領中的一部分「越南革命的基本戰略與國家建設」的敘述部分，可以看到以下的矛盾。

「越南的國家基本戰略在於社會主義建設以及國家防衛。現在世界是社會主義與資本主義陣營的對決而成立的，今後越南還是必須和資本主義對決。」

「蘇聯、東歐的瓦解是不改善舊的模式，科學、技術刷新較慢所造成的。」

「帝國主義者們利用這次蘇聯的瓦解，想要排除社會主義。因此，世界上產生社會主義與資本主義的矛盾，這個矛盾將會激烈化。」

另外一方面，又有以下的敘述：

「越南想要進行社會主義的建設，結合國內力量與國際力量是很重要的。而科學技術革命與經濟相互依賴，是最重要的。」

「越南的外交目標的基本，是爲了維持和平的社會主義的建設及祖國防衛，吸收有利的國際條件，爲了和平、民族獨立、民主及社會進步，必須對於世界人民共通的事業積極貢獻。」

「對於外交問題，現在在領導部內的意見不一致。因爲世界情勢與國際關係出現很大的變化，因此也無法找出今後的方針。」

這是充滿許多矛盾與不調和的文章。藉此，我們可能感受到當時黨領導部的困惑及動搖。

這個時期，許多政治的發言和經濟行爲充滿矛盾。但另外一方面，世界的社會主義體制陸續瓦解的歷史事實，加速了越南的刷新政策路線，促進了共存戰略。

但是，接下來出現的波斯灣戰爭震撼，使得越南的領導部再度硬化。

一九九二年六月所舉辦的黨中央委員會總會，以波斯灣戰爭問題爲議題提出討論，認爲「波斯灣戰爭是美國帝國主義的陰謀」，提出正式的抗議聲明。又說「美國想要藉著波斯灣戰爭，而恢復在世界上的領導立場，同時想要從越戰的後遺症中重新站起來。為了得到龐大的資金及龐大的石油，不惜對波斯灣動武，進行激烈的戰爭。」充滿了對美國的不信任感。

此外，德姆歐書記長在黨中央委員會總會的演說中，以強烈的語氣表明決心說道：「我們貫徹以往的主張，要強化社會主義諸國、國際共產主義運動、勞動運動、民族獨立運動的團結。努力強化國防、保障安全。」

這一年的五月五日馬克斯生日，而共產黨的報紙發表論文說明：「蘇聯、東歐的瓦解，使得馬克斯主義運動掀起極大的混亂。但是，馬克斯主義是不滅的眞理，社會主義的理念不會消滅。」

另一方面，在紀念列寧誕生一百二十二週年的紀念大會上，「蘇聯、東歐的瓦解是列寧主義錯誤實踐所產生的現象，越南不可以犯這種錯誤」的議論沸騰。而有的人則主張「越南一向貫徹的社會主義體制沒有錯誤」、「今後要再仔細學習馬列主義的本質」提出很多這種馬列主義崇拜論。

波斯灣戰爭不僅給與衆人重新評估馬列主義正當性的機會，同時對於美國的排斥反應更為增強。

在一九九二年這一年，越南反美、反帝國主義、親馬列主義的色彩更為濃厚。另外一方面，包括美國在內的西方諸國，不再因為越南的排斥反應而感到苦惱，反而與越南更為接近。越南的苦惱與矛盾真正反應在此。

最顯著的就是進入越南的人急速增加。從日本到越南的人也增加了，美國的商業人士到越南的人也增加了。

刷新政策開始實施的一九八六年只有一萬名入國者，到八八年增加為十一萬人、九〇年為十四萬人、九一年十九萬人、九二年三十一萬人，到九三年增加為五十三萬人。

雖然政治和思想理念不同，但是對越南的關心急速擴大。當時日本對越南關心可以說是過熱，非常地旺盛。雖然還沒有直接投資，但是對越貿易擴大，貿易量躍升。

此外，政府（日本）對於刷新政策的推進給與好的評價，再度展開ＯＤＡ（政府開發援助）。

美國也解除了以往的經濟封鎖，韓國於九二年十二月也與越南建立正式邦交。中國總理李鵬親自到越南去訪問，對充滿疑惑的伙伴鼓勵加油。

所以，越南與諸外國（主要是西方諸國）的交流不斷擴大。

九三年以後，外資導入政策與市場開放政策上軌道，在各處都展現了刷新政策的成果。對越南而言，刷新政策的推進是關係國家與國民生死的問題。刷新政策的推進，需要西方諸國的瞭解和協助，而刷新政策的加速推進，則需要美國的力量。因此，越南與美國急速接近，終於解除了對越經濟制裁。而越南領導部則分別使用原則話及眞心話與美國急速接近。

## 二　解讀越南的社會主義

在星期天一大早，爲了拜訪好久不見的越南朋友，於是到米特（My Tho）市。米特市是在胡志明市西南方，湄公河三角洲的城鎭。

穿過胡志明市內，朝西在國道一號線上奔馳。放眼望去都是田園和果樹生長的風景。車行一陣子之後，看到在越戰中被砲擊的鐵橋殘骸。附近就是湄公河三角洲，是越戰中戰鬥最爲慘烈的地區。此外，也是受到美國枯葉劑攻擊的地區。

湄公河三角洲有三個大都市。夾著湄公河（前江與後江）的東邊的米特、西邊的坎特，以及南邊的威龍。

越南行政區分的單位是特別市和省。而在越南有三個特別市和五十個省。米特是提岸尙省（人口約一百五十萬）的省會。

越南注重觀光事業，而米特也是備受矚目之處。最近開發了觀光地泰森島。要到泰森島去必須以米特爲基地（從米特乘船約五十分鐘到達泰森島）。此外，也是距離胡志明市最近的湄公河城鎮，因此很重要。

昔日越南共產黨的主要人物Dr．Ky（假名），在米特渡過餘生。

現在，越南急速推進刷新政策。而刷新政策的關鍵就在於「社會主義國的市場經濟」，如果不讓人感覺出來這種理論的矛盾，最好的方法就是加快刷新政策推進的腳步。但是，社會主義與市場經濟、越南共產黨一黨支配及市場經濟、馬列主義與帝國主義（在黨的綱領中是如此表現的）等等的基本問題如果越加以考察的話，就會發現具有越多的矛盾及極高的障礙。

於是，我去拜訪Dr．Ky。Dr．Ky說話非常明快，人也很爽快。

首先，他談到了胡志明主席的社會主義，其次談到越南人的祖國愛。

Dr．Ky的談話結論是：「越南社會主義的最終目標，是越南獨立與越南國民的自立與繁榮。而達成這個目的手段之一就是刷新政策，同時還包括國際化在內。越南的繁榮當然需要和西方諸國共存，而且已經無法再回頭了。」

在談話中，Dr．Ky說：

「日本人如果分不清左右、黑白的話，絕不罷休。但是越南人不同。越南人的歷史經常有柔性概念發揮作用，現在也是同樣的情形。所以，認爲越南可能會放棄馬列主義、建設馬列主義的社會主義國，或者是現在鼓勵外國人投資或外國人貿易，只不過是社會主義國的過渡期現象，抑或是說刷新政策的速度太快，會加深領導部的保守派與改革派的龜裂等等的問題，這只不過是日本人的思考，不是越南人的思考。看過去的歷史也可以瞭解，越南人一直在殖民地的統治之下。因此，他們的目標是能夠自立，同時建立一個獨立國家。這就是國民運動的第一目標。而這個目標藉著胡志明主席的領導力而達成了。於是，今後新的目標是如何逃離貧困，追求豐富的生活。對人類而言，獨立與自由是最尊貴的，所以不管用何種方法，都要達成新目標。黨還是一塊完整的岩石，國民的力量也是統一的。我想今後應該會更爲促進刷新政策，沒有任何的矛盾意識存在。」對我說了關於越南人的思考和認識的概念。

外國人所想的越南的社會主義，和越南人本身所考慮的社會主義之間，可能有很大的思考鴻溝出現。

越南的柔性社會主義，現在著實追求豐富的生活而不斷地前進。柔性社會主義，的確是很新鮮的說法。但是，我想只能用這句話來讓各位瞭解越南的社會主義。可是，光靠這些話還是不夠的，至少在國人的認識及思考當中，只能進行最低限度的分析而已。

如果還要繼續嘗試分析的話，那麼會出現以下三種想法：

## 1　正邁入修正路線中

以往共產黨領導部在其思考和戰略中，擁有「生活權的確保」與「人權的確保」的概念。而「生活權」與「人權」的確保，尤其是「豐富的確保」是社會主義的勝利。因此，藉著導入刷新政策而得到「豐富與人權的確保」，是越南型社會主義的勝利。換言之，一黨獨裁的越南共產黨領導部，仍然是一片岩。而越南型社會主義則是現在在進行的刷新政策的想法。極端的表現就是「越南捨棄原有社會主義（馬列主義），而改變為越南型的社會主義國。越南型社會主義國是修正社會主義，在黨領導部的領導之下，這個修正路線一步一步朝著達成目標而邁進」。

的確，越南共產黨著實想要擁有獨立、自由、人權、豐富，而這也可以說是實際證明柔性社會主義正當性的分析。

## 2 過渡期的社會主義

制定越南國家建設的基本戰略的『過渡期的社會主義建設綱領』中，所指的戰略是「為了建立馬列的社會主義國家，越南接受來自帝國主義者的資金和技術的結合。」此外，在綱領中認為蘇聯因為錯誤地應用馬列主義，所以導致國家滅亡。因此，我們應該要充分學習馬列主義，建設眞正的社會主義國。

現在只不過是其過程時期，必須朝向這個目的，活用帝國主義者的資金和技術。現在越南國家戰略的基本，是社會主義建設與國土防衛（這個基本理念在第七屆黨大會中再確認，持續成為基本的國家戰略）。

為了達成這個基本戰略，要使用刷新政策武器。也就是說，擁有一種「為了建設社會主義國，利用帝國主義者的資金與技術」的想法。

## 3 黨內勢力再架構中

這個想法，從黨領導部的分裂狀態就可以觀測出來。改革派、中間派、保守派目前

河內的中心街。戴著圓帽（儂）工作的女性騎著自行車的姿態，看起來的確像河內。

以改革派的勢力較大。改革派所推進的刷新政策得到衆人的認同。

保守派衆人的理想，仍是馬列主義的社會建設。但是現在靜觀改革派所推行的刷新政策發揮機能之後，只好按兵不動。可是，等到時機成熟時還是會重新建立體制，要建設一個理想的社會主義國。這個時期也許會在二十一世紀。希望等待刷新政策的失敗，讓輿論來加以批評。

這時保、革的拔河動作永遠持續下去。這會不會導致內戰的危險呢？則需要更嚴肅地分析。

我們再多花點時間來探討一下現實的體制，在分析現狀的同時也要一併分析資料。

不過，現在我們可以瞭解的就是「今後

還會持續促進越南市場的經濟構造」。

假設，越南放棄刷新政策，就意味著越南自己的瓦解。這一點已經超過越南的派系，成爲越南人的共識。

柔性社會主義，今日仍然強力地存在著。

# 第四章 越南的制度與體制

## ——利用刷新憲法確立新的領導體制——

五人騎乘本田機車。象徵光明的未來吧！

## 一　領導體制的確立

越南新的領導體制，是經由刷新憲法而確立的。這個憲法在一九九二年四月十五日於國會中提出，四月十八日公布新憲法。新憲法的規定，九二年九月二十三、二十四日舉辦國會，選出了總統、總理等新領導部，確立新的領導體制。

新憲法將意識形態一掃而空，主要是針對經濟制度和國際協調等規定一些事項。此外，爲了推進刷新政策，也制定了經濟制度的相關規定，所以也可以稱爲刷新憲法。

新憲法規定導入新的總統（國家元首）制與總理制。以往越南的元首是由國家評議會取得集團元首制，由議長爲代表。像越南這種社會主義國，一般而言國家體制的營運具有兩大制度。

一種就是共產黨領導部組織，另外一種就是政府領導部組織。而在越南，前者爲越南共產黨，後者爲閣僚評議會。以往的越南領導體制如圖4—1所示。

新憲法則採用總統制擔任國家元首，以往的閣僚評議會成爲內閣，而代表內閣的是總理。總理擁有閣僚人事權、人民委員會委員長的人事權，以及政策專決權等，權限強

**圖4—1　以往越南的領導體制**

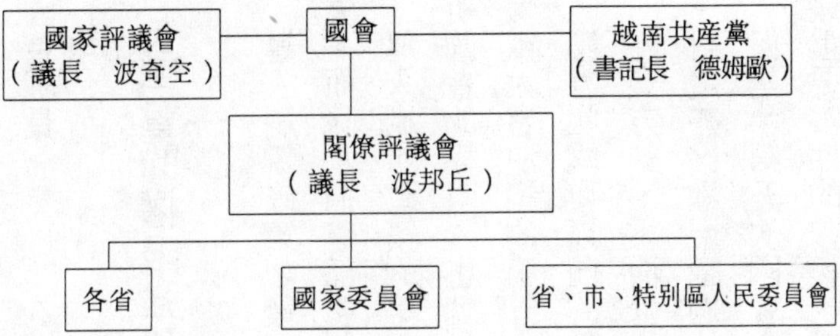


**圖4—2　根據新憲法改變的越南領導體制**

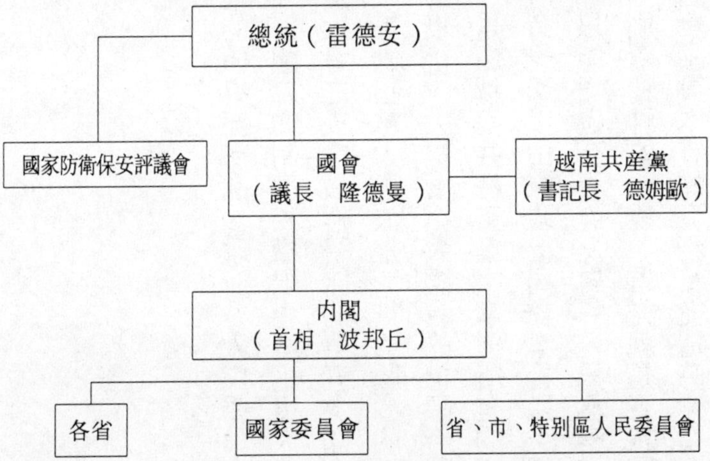


化到最大限度。而總統是沒有行政權的國家元首，這個地位是國民統合的核心。值得注意的就是，總統可以統領新設的國家防衛保安評議會。因此，總統在國家有事的時候權限非常地大。而根據新憲法制定新的越南指導體制，如圖4—2所示。

在九二年九月二十三、二十四日所召開的國會中，進行政府最高人事的選舉。選出政治局員雷德安擔任總統，閣僚評議會議長波邦丘擔任首相，關提賓擔任副總統，隆德曼擔任國會議長。

## 二　國會的權限強化

導入刷新政策之後，越南的領導部（黨、政府、人民委員會等）體制產生了極大的改變。而除了領導部體制以外，國會的制度和權限也產生很大的改變。

導入刷新政策的第六屆黨大會之後，最初召開的第五次國會（八九年六月），強化刷新國會的權限。也就是說，第六屆黨大會決定「黨與國會的職務和任務明確化」。而接受黨大會決議的第五次國會以後，大幅度擴大國會的權限。

第五次國會以前的越南，是由越南共產黨集中掌握所有的權限。國家計劃、國家預算、外交方針、經濟營運等所有一切都由黨政治局立案審議。國會（議員數四百九十六名）對這些已經審議過的案件只能通過（不許反對），只具有這些機能和權限而已。

但是，第五次國會中受到刷新精神的改變。首先就是審議國家計劃、國家預算等國家最重要案件的參與，成為國會議員本質的職務。從這時開始，將黨政治局與政府、國會各自的業務分掌，加以明確化。

◎黨政治局……關於國家計劃、經濟計劃、國家預算等其他的基本事項，提示目標，建議戰略。

◎政府……接受政治局的目標提示與建議，策定國家計劃、經濟計劃、國家預算、外交路線等。這些案件由國會審議，關於其決定的事項，必須負責與實行有關的項目。

◎國會……審議國家計劃、經濟政策、外交政策、國防政策、社會政策等國家重要事項。經由國會審議決定的事項，交由法治化的政府執行。國會審議否決的事項，經由政府交還給政治局。一部分則交給國家計劃委員會。但是，政治局要基於黨大會決定的總路線（政治、經濟、外交、國防、文化……）而製做政策草案。因此，對於否決的案件，可以在政治局內部再檢討。或者由中央委員會協議。

第五次當時的①越南共產黨，②國會，③政府的關係如表4－3所示。

當時越南共產黨的黨員數爲兩百二十萬人，當時人口爲六千六百萬人，所以黨員比例只達三·三％。

這個三·三％的黨員大會要協議出國家的基本路線，制定越南的國家方針。因此，當國會無法發揮機能時，通常黨大會的決議事項就會直接成爲國家的基本方針。但是，

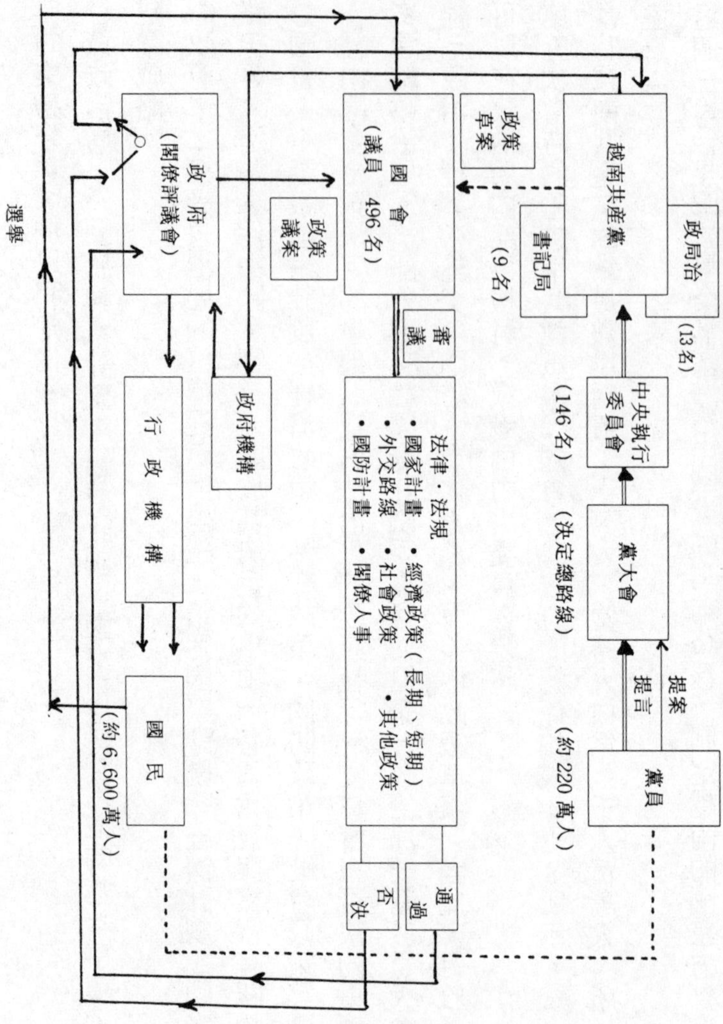


圖4—3　黨、國會、政府的關係（1989年6月）

藉著強化國會的機能以及權限，透過國會審議來決定國家的基本計劃和基本路線。

越南在一九九二年四月公布新憲法，確立新的領導體制。同時，也進行國會議員選舉法的修正，重新進行國會議員的選舉。這個國會議員選舉法，正確的名稱應該是國會代表選舉法，配合刷新精神，選出國會議員。

國會代表選舉法的修正中，主要的要點如下：

一、國會議員的候選人，首先要先記載在共產黨的推薦名單之內。

二、選舉區從以往的九十二區增加為一百五十八區。而依選舉區的平均定員，從以往的五・三人變為二・五人。

三、國會議員的定數從以往的四百九十六議席縮小為三百九十五議席（為了讓選舉人熟悉被選舉人，因此導入小選舉區制）。

基於國會代表選舉法的國會議員選舉，在一九九二年七月十九日舉行。透過這一次選舉，值得注意的事項有以下四點：

①　投票率為九十九％

②　前議員當選者較少（二十六％）

③　大學以上的高學歷者增多（五十六％）

④ 女性當選者增加（十八％）

昔日人民軍士兵或開放軍士兵出身的國會議員減少，高學歷者的比率急增（重視知識份子的現象），同時女性進入政治圈、新舊交替的情況也非常明顯。

其他特徵則是少數民族出生議員增多。國會議員總數三百九十五人當中，有六十六人是少數民族，比率佔了十七％。

基於以上的選舉結果，越南領導部將少數民族對策收為黨和政府的重要課題。

越南少數民族，主要是在越南的背骨安南山脈生活。糧食缺乏，在嚴酷的環境中過著文化差距很大的生活。因為有這種歷史和現實的情形，所以越南政治安定，需要少數民族的協助，而經濟發展也需要少數民族的瞭解與協助。

少數民族的代表成為國會議員，在國政的中心登場。這的確是非常有意義的事情，值得注意。

在這個現實當中，越南領導部趕緊著手制定少數民族對策。首先，政府設置「少數民族山岳地區委員會」，任命國務大臣黃德基擔任委員長。此外，任命少數民族出生者擔任國會議長，提供極大的話題。

在少數民族的問題上，我們可以看出領導部的熱情。

以往國會議長是黨的長老人物雷光達，而到九二年九月二十三日時，選出原來擔任國會民族委員長的隆德曼擔任國會議長。

隆德曼在一九四〇年出生，是泰族（少數民族），爲林業技術者，是黨的政治局員。在十三名政治局員當中，他是排名第十、少壯氣銳的活動家。隆德曼議長的誕生，是考慮到越南國家首腦人事，必須要斷絕世代和地區間的隔閡而產生的。越南經常以第一世代或是第四世代等世代的說法來表現。

現在，驅動政治、經濟的是第二世代，但是在黨、政府及產業界第一線活動的則是第三世代與第四世代。其中第三世代（四、五十歲）的人，在其青年期幾乎都在戰亂及國際孤立下渡過的。他們所學會的就是社會主義、貧困，以及對生存的執著。當然，他們並沒有學習到世界情勢或經濟理論、自由主義等。

這個世代的人，發揮現在越南中樞作用。二、三十歲等第四世代的人，和第三世代的人在同樣的環境中生長。最近較多的走私、貪污瀆職、濫用職權等黑暗的部分，大都與這一代的人有關。第三世代、第四世代的人對於政治的關心度較淡，產生脫離政治的現象，也是令人擔心的問題。

因此，少數民族出生者、年輕少壯政治家隆德曼擔任國會議長，受到第三世代、第四世代衆人的歡迎，當然也得到少數民族的歡迎。越南的國會不光是希望強化權限，同時也希望得到國民的友好與理解，因此今後更能夠發揮作用。

## 三　達到平衡的三輪車體制

考慮今後越南的國家營運問題，由於保、革、中間派能夠保持平衡，所以得以繼續推進刷新政策。

目前以負責推進刷新政策的波邦丘總理爲主，共產黨書記長德姆歐則表示瞭解波邦丘的政策。總理波邦丘是非常熱心的刷新政策的推動者。和越南共產黨前書記官關邦林（Nguyen Van Linh）同樣是刷新政策的立案推動負責人，奉獻自我，不斷地推動刷新政策。有一部分黨內的保守派，認爲他是行爲過當的刷新政策推動者，而加以責難。但是他對於「爲了建立新國家，因此在早期要推動刷新政策」充滿慾望。因此，得到年輕黨員和改革推動派的支持。

現在越南推動身繫國家存亡的刷新政策，而國民一致認爲：「在這個時期，能夠遂行權限強化的總理職務的只有波邦丘而已。」

事實上，波邦丘總理現在可以說是越南第一實力者。因爲是社會主義國，因此黨領導部有所謂的排列順序。波邦丘總理在排列順序中是第三名。在第七屆黨大會（九一年六月）以及臨時黨大會（九四年一月）所選出的十七名政治局員的姓名，其排列的順序如下。

| | | | |
|---|---|---|---|
| 1 | 德姆歐 | Do Muoi | 書記長 |
| 2 | 雷德安 | Le Duc Anh | 總統 |
| 3 | 波邦丘 | Vo Van Kiet | 總理 |
| 4 | 道茲東 | Dao Duy Tung | 書記局員 |
| 5 | 當歸 | Doan Khue | 國防部長 |
| 6 | 布歐安 | Vu Oanh | 書記局員 |
| 7 | 雷福特 | Le Phuoc Tho | 書記局員 |
| 8 | 方邦凱 | Phan Van Khai | 第一副總理 |
| 9 | 布丁哥 | Bui Thien Ngo | 內政部長 |
| 10 | 隆德曼 | Nong Duc Manh | 國會議長 |

| | | | |
|---|---|---|---|
| 11 | 方迪特 | Pham The Duyet | 河內市黨委會委員長 |
| 12 | 關德賓 | Nguyen Duc Binh | 黨高級學校校長 |
| 13 | 波槍奇 | Vo Tran Chi | 胡志明市黨委員會委員長 |
| 14 | 雷卡休 | Le Kha Phieu | 人民軍政治部主任 |
| 15 | 關曼考 | Nguyen Manh Cam | 外交部長 |
| 16 | 德光湯 | Do Quang Thang | 黨中央規律檢查委員長 |
| 17 | 關哈邦 | Nguyen Ha Phan | 國會副議長 |

（註）1—13在第七屆黨大會（九一年六月）選出，14—17由臨時黨大會（九四年一月）選出。

黨內的排名順序只是一個參考，而內外一致認爲目前越南最高實力者是總理波邦丘。繼波邦丘之後第二實力者既不是書記長、總統，也不是國會議長，而是第一副總理方邦凱。

波邦丘和方邦凱都是改革派的旗手，負責推動刷新政策的主要任務。現在，刷新政策在越南發揮機能，市場經濟上軌道，原本嚴重的通貨膨脹也穩定下來，擴大貿易，來自外國的投資成長。而來自外國的開發援助（日本的ＯＤＡ等）再開，國內充滿活力，國民的表情也恢復了光明。

國民生活穩定，就能使國民產生安心感，加深對政府的信賴。刷新政策得到了國民的支持與協助，在九五年七月，刷新政策推進深獲好評，與美國建立正式邦交。因此，刷新政策的推動者波邦丘以及方邦凱成為國民的信賴者，蓄積在黨內的實力。

攤開目前越南最高權力者的力學地圖，可以發現改革派與保守派、中間派的力量保持平衡。也就是說，改革派的代表是波邦丘總理，而其後盾則是前書記長關邦林。而保守派則是以黨書記長德姆歐為主的老舊越南的領導者們。而新的中間派（也稱為保守派，不過對於推動政策非常瞭解）則因為總統雷德安的存在而更為明確化。

對於今後的越南來說，可將改革派視為牽引車，與保守派及中間派保持調和，努力推動刷新政策。

在九五年，越南產生了明顯的變化，加盟東南亞國家聯盟以及與美國建立正式邦交。改革派的力量與技術的確非常驚人。但是，還是有一股批評勢力存在。不過，目前保守派和中間派都不反對刷新政策的推動與國際化。而與改革派不同的就是，對於其速度和性質的問題的認識有些不同。

因此，關於越南刷新政策的推動與國際化的推動等，黨政府都基於同樣的認識及價值觀而支持。

產生的不信任感，則刷新政策能夠繼續推動，同時對於加入國際社會也能夠有所貢獻。

最近也得到了國民輿論的贊同。只要能夠去除因爲貪污瀆職或不正當行爲而對政府

## 四　其他領導體制的解讀

在探討現在的越南時，考慮到先前所叙述的平衡三輪車體制是最自然的分析。但是除這種分析以外，並不是沒有其他的解讀法。尤其是熟悉越南共產黨的學者們，認爲這種三輪車體制只是暫時虛僞的妥協罷了。

與這些想法完全相反的則是認爲：「越南社會主義是刷新政策，而刷新政策推動體制是至高無上的體制。應該支持輿論，更進一步推動才對。」

因此，現在要探討將來的越南體制，基於現狀分析可以做以下的檢證：

(1)、「現在保、革、中間派當中，以推動刷新政策的改革派爲主而展現行動。不過，保守派、中間派皆能瞭解改革派的做法。保、革、中間派對於刷新理念具有共通的認識，所不同的就是對於刷新政策的性質和速度有一些差異。探討現在越南的領導體制時，可以認爲這個領導體制是最現實的體制。」基於以上的叙述，應該可以瞭解先前說

的達到平衡的三輪車體制了。

(2)、也有人有這樣的看法：「越南共產黨與政府是一片岩。現在所進行的刷新體制就是越南社會主義。」也就是說，比起前項的三輪車體制而言，認爲越南的領導部在堅定的信賴與團結之下更爲一體化的看法。而這個體制理論的證明，有以下幾點：

①越南社會主義是基於胡志明思想所架構起來的，並不是純粹的馬列主義。

②胡志明思想是更實際的社會主義路線。只要看從一九四〇年到四五年爲止的日本佔領時代，胡志明接受來自美國的支援進行獨立運動就可以瞭解了。

③胡志明的社會主義原點，是民族的自主與獨立，並不是馬列主義的理論展開或實踐。越南的社會主義是以胡志明思想爲根底，因此，並沒有再轉換爲馬列的社會主義。現在所進行的刷新體制，才是越南社會主義所尋求的領導體制。

(3)、「越南的領導部爲了建設理想的社會主義（馬列的社會主義）國家，因此利用刷新政策當成手段。」這個分析是很多研究社會主義國的學者們的共通看法。將這個理論整理叙述如下：

①越南以馬列社會主義爲至高無上的目標。

②利用這個理想的社會主義，建設理想社會主義國家，是國家領導部的目標。因

此，不可能改變這個方針。

③目前推動的刷新政策，只是建設這個理想社會主義國家的手段。

④成爲刷新政策梗概的市場經濟的導入，以及與西方諸國的交流等，只是建設社會主義國的過渡期現象，並不是存在利用刷新政策而進行的國家建設。

⑤現在，利用刷新政策推動國家建設的越南，只不過是一個爲了建立理想國家的假象罷了。

⑥越南的領導部以刷新政策爲踏板，最終目標則是將來馬列主義的社會主義國家的建設。

這種理論是不合實際的。但是，越南共產黨綱領和政治局所發表的說明等，事實上的確也隱藏著這種理論的存在。專門學者們大多會採用這種分析的理由就在於此。

⑷、「現在黨領導部外表看起來非常穩定，但是實際上卻隱藏著不安定的要素。預料將來保、革兩陣營將會對決。」有人指出了不安定體制。表面上看起來是在理解於協調之下，行動一致的領導部，但實際上內部卻出現不協調之音，保、革兩派一直在互相拔河。現在的三輪車體制的安定基礎，是由保、革、中間派對於刷新政策具有共通認識而出發的，但是這種不安定體制也會從完全相反的認識與理解上出發。

胡志明市人民委員會廳舍。
在市中心，感覺像法國時代的遺跡。

而其理論如下：

①　越南的領導部由保守派、改革派與中間派構成。其中保守派是馬列主義的信奉者，改革派則是胡志明思想，也就是現實主義者。

②　現在的領導部，是由建國基本理念不同的人所構成的。

③　現在刷新政策具有機能而得到好評，因此由改革派持續主導。但是當成長停止、經濟營運停滯、政治陷入窮困時期時，保守派就會抬頭了。

④　這時領導部的內部會出現拔河現象，依狀況的不同，可能會重新走舊體質的社會主義（馬列主義）的道路。

⑤　現在黨和政府的論調完全相反。黨

始終一貫保守的論調，而政府則從正面推動刷新政策，以快速度進行改革。也可以解釋為領導部區分原則話與眞心話，應用在不同的各方面。不過事實上，原因應該是在於領導部內的不調和。

保守派與改革派之間的鴻溝不斷地擴大，因此不安定的要素也不斷地增大。

如以上所敘述的，可以假設越南領導體制將會遇到各種不同的情形。但是，我們很難對於越南體制進行未來的展望與估計，因此，在此只不過是討論一下而已。最後，我能夠很有自信地說：「刷新政策不會走回頭路。刷新政策不允許後退。領導部基於自己的責任，絕不會允許其後退。」

放棄刷新政策的越南，就沒有辦法在國際社會中生存。也就是說，刷新政策在國際社會上的評價非常地高。

在探討越南體制時，最大的特徵就是越南的社會主義以及刷新政策是建立體制的基本問題點。這種正面要因和不安要因交錯在一起，製造出越南的體制，我們一定要瞭解這一點才行。

期待已久的對越經濟制裁在九四年二月解除。解除之後，越南的政府、黨及國民都希望促進刷新政策。刷新政策的推進，是越南和美國之間達成的協議，也是解除對越經濟制裁的條件。

但是，這時候關於刷新政策的促進方面，黨內部出現不協調之音。因此，改革派必須要和保守派妥協。與保守派妥協之後，雖然解除了對越經濟制裁，可是黨、政府內部的力量均衡的形態卻會瓦解。

九五年七月與美國建立正式邦交，加盟東南亞國家聯盟是改革派的重點。比預想的時期更早躍登於國際舞臺之上，而現在能夠再度保持力量的平衡。不過，在領導部內部，事實上發生了難以估計的糾紛。

# 第五章　瞭解越南的六項重點

## ——從六方面來探討越南——

宏基煤（世界少數的無煙煤，非常有名）堆積如山，呈現活絡景象的宏基港

要瞭解越南，最快的方法就是從六方面來探討越南。越南是具有六個側面的物體，從各方面來加以探討，就可以瞭解越南到底是何種國家。而這六方面，也可以說是瞭解越南的關鍵點。接著就來檢證以下的六點。

## 一　有小中國之稱的越南

越南有史以來就是依附著中國而生存的國家。因此，有很多人稱越南是「小中國」。的確，越南可以說是「直到現在還是與中國文化息息相關」的國家。在中國文化當中，法國文化、蘇聯文化、美國文化等也摻雜其中。支持越南人民的中國文化是佛教文化及儒家思想。

到越南去旅行會察覺到，越南人的個性善良、有禮貌，尤其是非常尊敬年長者。這種想法明顯地出現在越南人的日常生活中。

舉一個越南字為例。越南字的你叫做Anh。如果對方是女性的話，則稱為chi，這是對於同輩的稱呼。對於年長者則有不同的稱呼，如果對方是男性的話，稱為Ong，是女性的話稱為ba。至於他、她的第三人稱，同樣的稱呼年長者時也用不同的稱呼法。

越南人會注意到年長者的存在，會對年長者表示敬意。非常重視人道之善及對父母的孝心。越南人的生活信條是建立在中國的儒教思想上。

一九九二年文藝春秋社所發行的『儒教所締造的經濟大國』一書中。德國的作家漢斯·W·法雷菲爾特在書中敘述儒教的想法，認爲「要生存於二十一世紀，企業及個人都必須要重新重視儒家精神」。

二十一世紀的世界，很多人預測是以亞洲爲主的世界。仔細想想，亞洲的主要國都是儒教國家，像中國、臺灣、韓國、日本及越南等。

越南與中國的交流是在西元前一千年開始的，也就是東森文化時代。這個東森文化據說原本是由中國雲南省乘舟而下到紅河的中國人所帶去的（紅河發源於中國的雲南省，通過河內，在海防注入東京灣。與南方的湄公河同樣，對於國民生活具有極大的作用）。

以前中國爲了確保從雲南省出海的最短捷徑，而希望能夠支配紅河。

根據越南史，發現越南最早受到中國的統治（漢朝），是在西元前一百一十一年。當時，受到中國（漢朝）統治的是在北越的一部分（當時的南越，有高棉人建立的扶南國）。

從這個時期開始受到中國的統治。直到九三八年，越南正式獨立為止，大約一千年內中國治理著越南。換言之，這一千年內，越南與中國在相同的文化圈中生存。

吳權（九三八年）時，暫時獨立的越南，以及接下來的李朝、陳朝時代都是脫離中國統治的時代。但是，雖說脫離中國統治，可能仍然持續導入中國的文化。其中像李朝時代（一〇〇九—一二二五年），吸收大量的中國文化當成制度。首先，吸收了官僚支配制度，同時導入稅制、徵兵制度。此外，鼓勵漢字。在一〇七〇年建文廟（孔子廟）。這些制度的導入，成為越南國家建設的一大基礎。

其中特別值得一提的，就是一〇七五年的中國官吏制度科舉為制度，建立官僚支配制度。為了從全國各地尋求官僚，因此舉行非常嚴格的選拔考試。

科舉的制度，有助於建立對教育熱心、勤勉的國民性。像中國、韓國、臺灣、日本以及越南，對於教育都非常熱心，理由就在於此。

導入的中國文化還有其他各方面。像佛教的導入也是其中之一。

佛教的導入，也就是說佛教的傳入越南，支持了越南的人心，對於文字與藝術普及也有很大的幫助。現在，越南的陶瓷器（越南燒）在這個時代成為一種佛教文化，從中

河內寺的一柱寺。象徵佛教國越南的寺院之一。

國傳入越南，而在此開花結果。

現在，胡志明廟隔壁的一柱寺就是這個時代建立起來的。一柱寺廟如其名，就是建立在一根柱子上的罕見寺廟。得到極樂往生的人，能夠自然地坐在蓮臺上，因此興建在蓮池上。

在當時是具代表性的佛教文化之一。

這類的佛教文化導入，不單是宗教的導入或宗教的周邊文化導入而已，連當時世界最新的藝術也傳至越南。

此外，中國文化也以各種形態存在於越南人的生活當中。例如，象徵越南女性之美的「奧裁」，事實上其原型來自中國服裝。

此外，女性所戴的儂（圓帽）和中國南部地區（廣東省、海南省等地）也相同。各種的例子不勝枚舉。

此外，對於現在還殘留的中國文化當中，不可以忘記的就是越南文。越南文事實上是中國文化之一。

越南有史以來一直使用越南文。在西元前一一一年被中國統治時，公用語使用漢字。大約一千年內都在中國的統治之下，當然公用語都使用漢字。

法國傳教士亞歷桑大·德·洛德等耶穌會的傳教士們，將漢字以及以往在庶民生活中所使用的越南文用羅馬字拼音，成爲現在越南文的基礎。這一點在越南史上在有所記載。

越南文的語言是「丘諾姆」（不是漢字也不是羅馬字，而是獨創的語言）在此省略說明。總之，法國傳教士們想出的文字表記，成爲現在越南文的基本。

因此，現在所使用的越南文，都是漢字的羅馬拼音。只要知道漢字的發音，就能夠看懂大半越南的報紙。新想出來的越南文，在一八八三年關王朝與法國達成協定，法國開始治理越南全境時正式使用。不過，當時的公用語是法文，而越南文只不過是法文的輔助手段而已。

越南文眞正當成公用語來使用，是在第二次世界大戰後的事情。越南文利用漢字的羅馬拼音，表示越南文當中現在還殘存著中國文化的氣息。

## 二 資源大國

### 1 天然資源

越南是天然資源大國。以前，法國將越南當成殖民地，目的就是在於它豐富的天然資源。而日本暫時佔領越南，也是爲了天然資源。

第二次世界大戰中的陸軍參謀本部的資料顯示，日軍進攻越南的理由有兩點。理由之一是生橡膠，另一點就是煤。

當時，日本一年間生橡膠的使用量（主要當成軍事用途）爲三萬噸，而越南的生橡膠生產量正好是三噸萬。爲了得到生橡膠而使用軍事力。越南到目前爲止持續生產生橡膠，年間大約具有十萬噸規模的生產量。

越南產的煤是火力極強的無煙煤。日本以前行駛東京、大阪間的特快車，都是使用這種煤。海軍艦隊也將無煙煤視爲是珍貴的動力資源。沒有煙的煤可使海軍的行動範圍更爲擴大，對戰局有利。

戰前越南的天然資源就出口到日本。越南代表性資源的生產實績，整理叙述如表5—1所示。

越南現在最令人擔心的資源就是原油。根據表5—1的內容，顯示九一年生產爲四百萬噸、九二年爲五百五十萬噸、九三年爲六百三十萬噸、九四年的暫定數字爲七百二十萬噸。

越南最早生產原油是在八九年。八九年生產量爲一百五十萬噸、九〇年爲二百五十萬噸。

現在，越南的石油是由越南和蘇聯的合併公司越蘇佩特洛一家公司生產。

七三年試挖白虎油田，發現石油礦脈的是莫比爾公司。而到七五年（越戰結束的一年）一月從白虎油田確認出油之後，由於七五年四月西貢淪陷，因此莫比爾公司撤退。後來越蘇合併公司持續開發事業，八四年挖掘成功。

但是，這個油井是利用蘇聯式狸掘方式挖出的油，因此和原油一起挖出的石油氣全都捨棄掉了，沒有辦法生產石油氣。三菱石油九四年開發成功。據說三菱石油規模和越蘇佩特洛公司相同。也就是說，日產量爲十三萬桶，一年內可以生產六百萬噸。

## 表5—1　主要產品的生產實績

| 項　　目 | 單位 | 1991 | 1992 | 1993 |
|---|---|---|---|---|
| 米 | 100萬噸 | 19.60 | 21.60 | 22.30 |
| 乾燥橡膠 | 1,000噸 | 64.00 | 66.00 | 70.00 |
| 咖　啡 | 1,000噸 | 73.00 | 95.00 | 130.00 |
| 茶 | 1,000噸 | 165.00 | 170.00 | 190.00 |
| 大　豆 | 1,000噸 | 80.00 | 80.00 | 87.00 |
| 落花生 | 1,000噸 | 235.00 | 227.00 | 230.00 |
| 綿　花 | 1,000噸 | 8.30 | 12.80 | 13.00 |
| 絲織品 | 1,000噸 | 0.66 | 0.85 | 0.90 |
| 煙　草 | 1,000噸 | 30.10 | 27.30 | 32.00 |
| 木　材 | 1,000$m^3$ | 1,319.00 | 840.00 | 760.00 |
| 水產品 | 1,000噸 | 1,062.10 | 1,080.20 | 1,132.70 |
| 電力（發電量） | 100萬 kWh | 9,306.80 | 9,779.10 | 10,497.00 |
| 煤 | 100萬噸 | 4.70 | 4.80 | 5.73 |
| 原　油 | 100萬噸 | 4.00 | 5.50 | 6.30 |
| 鋼　材 | 1,000噸 | 141.60 | 175.20 | 245.00 |
| 錫　塊 | 噸 | 1,686.00 | 2,398.00 | 3,000.00 |
| 肥　料 | 1,000噸 | 450.30 | 507.00 | 542.00 |
| 燐灰石 | 1,000噸 | 319.00 | 280.00 | 330.00 |
| 柴油引擎 | 台 | 5,296.00 | 3,300.00 | 5,150.00 |
| 發電機 | 台 | 11,681.00 | 12,900.00 | 13,000.00 |
| 水　泥 | 1,000噸 | 3,027.00 | 3,727.00 | 4,700.00 |
| 絹　布 | 100萬$m^2$ | 280.40 | 275.70 | 335.00 |
| 紙、板材 | 1,000噸 | 108.80 | 111.60 | 117.00 |
| 砂糖、糖密 | 1,000噸 | 371.60 | 303.60 | 561.00 |
| 雪　茄 | 100萬箱 | 1,298.00 | 1,523.80 | 1,600.00 |
| 啤　酒 | 100萬$m^3$ | 131.20 | 162.10 | 220.00 |
| 食用油 | 1,000噸 | 16.73 | 17.10 | 25.00 |

出處：越南市場物價研究所

## 表5—2　主要出口項目

| 項目 | 單位 | 實績 | | | | 目標 |
|---|---|---|---|---|---|---|
| | | 1991 | 1992 | 1993 | 1994（暫定） | 1995 |
| 咖啡 | 1,000噸 | 94 | 116 | 114 | 158 | 150 |
| 橡膠 | 1,000噸 | 63 | 82 | 90 | 96 | 120 |
| 花生 | 1,000噸 | 71 | 63 | 105 | 100 | 110 |
| 茶 | 1,000噸 | 10 | 13 | 16 | 21 | 25 |
| 米 | 1,000噸 | 1,033 | 1,853 | 1,700 | 2,200 | 2,000 |
| 加工肉 | 1,000噸 | 25 | 12 | 20 | 21 | 20 |
| 絹 | 噸 | 500 | 700 | 800 | N.A | N.A |
| 水產品 | 100萬美元 | 285 | 300 | 370 | 450 | 550 |
| 成衣 | 100萬美元 | 117 | 160 | 300 | 550 | 700 |
| 錫 | 噸 | 3,440 | 4,537 | 2,969 | 4,000 | 4,000 |
| 原油 | 1,000噸 | 3,917 | 5,426 | 6,210 | 7,000 | 8,500 |
| 煤 | 1,000噸 | 1,170 | 1,629 | 1,432 | 2,200 | 2,200 |

出處：根據越南貿易情報中心資料，由越南經濟所作成

表5—2是越南主要出口商品。的確像是資源大國，包括煤、石油、咖啡、綠茶、水產品（蝦和花枝）等都出口。

刷新政策的成功，就是因爲越南有出口產業（幾乎都依賴天然資源），尤其是原油的輸出順利，而且糧食可以自給自足（生產稻米）是重要的原因。

日本幾乎都是進口越南產原油。從越南方面來看，日本是在出口貿易國當中佔有最大比例的一國。今後越南的資源開發，一定要加以注意才行。

除了煤和石油以外，越南到底還

有哪些礦物資源呢？列記項目主要如下。分別整理爲非金屬礦物及金屬礦物，爲各位叙述。

• **非金屬礦物**

石英、長石、硫磺（黃鐵礦）、菱鎂礦、石灰石、陶土、白陶土、獨居石、磷礦石、珪藻土、煤、石油、砂鋯石、鈦鐵、黑鉛、鈾、鹽等。

• **金屬礦物**

① 貴重金屬…金、銀、白金

② 非鐵金屬…銅、鉛、鋅、錫、鋁土礦

③ 鐵及鐵合金…鐵、錳、鈷、鉻、鉬、鎳

④ 卑金屬與非金屬…銻、鋇、鉍、水銀、希土類……

如以上所叙述的越南，的確是礦物豐富的國家。國土面積比日本稍微狹窄，不過煤、石油、白陶土、陶土、金、鐵、鋁土礦、希土類、石灰、銅、鎳等的含量特別豐富。

礦物資源的潛在性，不論在量與質方面都是非常大的國家。此外，前記礦物資源以分布別（全國分布與特定地區分布）來看，幾乎集中在北越。分布屬於全國性的是白陶土、陶土、金、寶石、鈦、砂、鐵、鋁土礦，分布在特定地區的則是煤、石油、鉻、希土類、銅、鎳等。

在越南，相信不久的將來就能有效地活用這些資源。而我國今後應該促進與越南的友好交流和互助合作。幫助越南建國，對於我國的國力也有幫助。

農產物資、林產物資都非常豐富。北部地方以紅河三角洲地帶、南部以湄公河流域的湄公河三角洲地帶爲產物資源的兩大生產地。稻作爲二期作，南部地方爲三期作。九一年開始，「稻米」成爲出口商品。而在大都市近郊則生產蔬菜、水果等園藝作物，山岳地帶栽培甘蔗、咖啡、茶、橡膠等熱帶性作物（昔日輸往舊蘇聯、東歐諸國的出口品，以咖啡和砂糖、橡膠等爲主要商品）。

說到越南的資源，不可以忘記的就是水產資源。

翻開越南地圖，可以發現它擁有很長的海岸線。越南是在中南半島東部，面對東海呈S形的國家。從北緯八度三十五分到北緯二十三度二十分爲止。從最南端到最北端爲一千六百五十公里。海岸線長爲三千二百六十公里。大陸棚遠淺且廣。北部、中部、南部地形不同，但北部、南部都擁有遠淺而廣大的大陸棚。

北部地方有相當於紅河開口部的東京灣。平坦的海底延綿不斷，最深處的水深只有一百公尺左右。中部地方的大陸棚狹窄。陸地靠近海洋，因此三十－五十公尺的等深線只有三海里到十海里左右。南部地方大陸棚廣大，尤其東海岸湄公河開口部三十公尺的等深線長達七十海里。

擁有這種自然環境之惠的越南，自古以來漁業興盛。

越南水產業當中，捕獲魚的部門也就是漁業以沿岸漁業爲主體。一般所進行的漁法是刺網、釣魚等方式，以海岸到二十海里水深三十公尺處爲主要的漁場。因此，不到十噸級的小型船較多。

現在越南的漁業從事者大約三十萬人，而漁船數目爲六萬五千艘（十噸以上的漁船爲三千五百艘，剩下的六萬一千五百艘都是不到十噸的小型船）。

根據越南水產部發表，一九九〇年總漁獲量爲一〇二萬噸，其中海水面的漁獲量爲七十一萬噸。

表5－3是越南水產部所發表的實績數字。

越南水產物當中，有大家所熟悉的蝦和花枝。越南所捕獲的「海蝦」也就是一般所稱的「白蝦」。九〇年「海蝦」的漁獲量爲三萬五千噸，而「養殖蝦」爲三萬五千噸，

### 表5—3　年度別捕獲、出口實績

| | | 單位 | 1986 | 1988 | 1990 | 1992 | 1993 | 1994 | 1995 |
|---|---|---|---|---|---|---|---|---|---|
| 總生產量 | | 千噸 | 835 | 900 | 1,019 | 1,100 | 1,200 | 1,440 | 1,500 |
| （海面漁業） | | 千噸 | 592 | 646 | 709 | 770 | 850 | 1,070 | 1,100 |
| （內水面漁業） | | 千噸 | 243 | 254 | 310 | 330 | 350 | 370 | 400 |
| 加工品 | 魚醬生產 | 千升 | 92,000 | 93,500 | 140,000 | 150,000 | 160,000 | 165,000 | 170,000 |
| | 魚粉生產 | 噸 | 5,300 | 10,000 | 9,300 | 14,000 | 15,000 | 17,000 | 20,000 |
| | 冷凍製品 | 千噸 | N.A | N.A | N.A | 70,000 | 80,000 | 100,000 | 120,000 |
| 出口額 | | 千 US＄ | 105,000 | 166,744 | 205,000 | 250,000 | 280,000 | 350,000 | 400,000 |

出處：越南水產省（93年爲暫定，94、95年爲目標）

總計七萬噸。

將其加工，挑出同樣大小的蝦做成製品出貨。而輸往日本的製品特別注重品質管理。越南近年來「大蝦」的漁獲量有減少的傾向，但是「白蝦」的供給量增大。沿岸大陸棚的胡亂捕撈，使得海蝦的漁獲量並沒有增加，反而是養殖蝦的供給量持續增加。

現在，政府水產省正在策定推進養殖事業的計劃案。爲了養殖事業，要促進合併企業的設立，同時進行事業資金的特別融資與稅制的優惠措施的具體化，則養殖事業將會旺盛地展開。現在的養殖事業是各省會、各市及漁民們獨自技術及資金來營運的事業，可以說是不符合實際效益的做法。

現在，政府估計可以養殖的面積爲一百四十萬公頃。事實上，目前只利用了十四萬公頃。今後，以蝦爲主的養殖事業，具有無限發展的可能性。出口到日本的蝦，將會有持續增加的傾向。

「龍蝦」數量雖少，但每年持續出口。九二年出口到日本的實績是二百八十萬噸。白蝦是以定置網或刺網的方式來捕獲，而龍蝦則是一隻一隻直接潛入水中捕獲，或者是用魚叉來捕捉。主要是以北部、中部水域的沿岸的岩礁地帶爲漁場。

除了蝦之外，花枝也很多。在越南捕獲的花枝爲「長槍花枝」與「蒙哥花枝」。長槍花枝是出口品，非常珍貴，但是漁獲量較少。長槍花枝中鮮度較佳者，加以冷凍，出口到日本，不過幾乎都是將「魷魚」加工出口。另外一方面，蒙哥花枝則將食用部分冷凍出口。

冷凍花枝的使用範圍非常廣泛。鮮度較佳者可以當成壽司的材料，而且也可以當成中華料理的材料，當成珍味的素材使用。

保持鮮度的規格統一，品質提升的話，除了蝦以外，花枝也可以出口到日本。相信今後出口數量會飛躍提升。

## 2　人文資源

有很多人將越南稱爲「小中國」，先前已經爲大家敘述過了。看地圖的話就可發

在胡志明市鳳梨工廠工作的女性。雖然是重勞動工作，但是月薪只有35美元。

現，越南與中南半島諸國具有共通的文化，但是越南文化傳承中國文化，因此在越南人心中，中國文化脈脈相傳。

越南人尊重年長者，重視人道之善以及對父母盡孝。中國傳入的儒教思想，成爲越南人國民性形成的基本。

對他人體貼溫柔、謙虛是美德的思想到現在依然殘留著。這個思想形成越南人的人格。此外，越南人是勤勉的國民，因此大家對於越南的評價極高。

越南人具有優秀的人文資源的另一個要因，就是因爲薪水較低。

勤勉工作而且薪水便宜的人文資源，對外國企業而言的確是一大魅力。

## 三 因為佔領支配與分裂國家的悲哀所苦的越南

回顧越南史，越南自建國以來，持續著鬥爭與獨立運動。最早受到中國統治（西元前一一一年—九三八年），從中國獨立之後，又是與中國侵略戰爭作戰的時代（九三八年—一七八九年）。長期在中國武力的侵略之下生存。

中國的侵略行爲，較大的侵略戰爭就多達八次。但是越南軍隊每一次都將其擊潰。對於中國的侵略，越南對中國產生了敵對心。一七八九年甚至爆發在中部或南部地方虐殺華僑事件。

在這個期間，越南國內持續政權的抗爭，同時產生反體制農民運動。政權抗爭以從一五三三年到一五九二年的南北朝抗爭，以及從一六二七年到一六七二年爲止的金關氏抗爭等都是有名的抗爭，在各地也掀起農民運動。

最初掀起的農民運動在一七三七年，對於當時治理北部地方的金氏反體制的農民運動。後來這個農民運動也波及到各地。一七七一年，發生由關氏（正確名稱是關克安）所領導的越南史上最大的農民運動。

這個農民運動是關氏為了打倒金氏所掀起的農民運動。憤慨的金氏發動南進攻勢，在一七七五年殲滅了關氏。

當時的越南可說是在鬥爭與戰亂中的時代。在這種戰亂與混亂的時代之後，一七八六年泰森軍隊殲滅了北部的金氏，實現越南有史以來的國家統一。泰森王朝統治全國只有十六年。

一八〇一年，關氏進攻河內。一八〇二年，滅了想要統一越南全境的泰森王朝。關氏滅了泰森王朝之後即位，自命為扎龍帝，國名為越南。而現在所使用的越南國民，就是由一八〇二年由扎龍帝所命名的。

一八一五年對於越南而言，是不可遺忘的一年。這一年扎龍帝為了將柬埔寨納入保護國的範圍內，實施同化政策，結果失敗，從柬埔寨撤退。在此前後，法軍攻擊達南，開始了法國侵入越南的作戰。

一八二〇年，法軍成功地吞併南部地方，對河內發動最初的攻擊。

越南正式成為法國的殖民地，是在一八八三年。關王朝承認南越為法國殖民地，而中越及北越為法國的保護國，雙方簽訂協定書。

關王朝與法國簽訂殖民地保護國的約定，越南國民對於法國的態度非常冷淡。在條約簽訂之前，一八二〇年法軍成功地併吞了南部，但是這一年開始，越南國民的反法運動也如火如荼地展開。一八六〇年，反法武裝運動在全國興起，持續了長期的武裝鬥爭。一九〇〇年，居住在山岳地方的少數民族，也展開了反法鬥爭。

越南的都市和農村、山岳地帶的反法國民鬥爭色彩強烈。這個國民鬥爭，成為印度支那共產黨的結黨及越盟戰線設立的基礎。

在反法運動當中，日軍進行侵略中南半島的作戰。日軍在一九四一年七月七日進駐越南，當時很多的越南人都表示歡迎，認為「日軍能趕走法國人」。

但是，日軍進駐越南是在一九四五年八月十五日之前的事情。後來到這一年九月末，法軍進駐越南南部。這時南北越以北緯十五度線劃分。南越得到英軍支援的法軍，解除了日軍的武裝，而北越則由中國的軍隊解除日軍的武裝，進行確保越南生活權的支援活動。

法軍為了保護南越的國民生活而進駐南越，但是與進行長達四十一年的殖民地統治同樣的，很快地就將越南殖民地化了。

南越這時再展開抗法運動。法國對於越南的支配一直持續到一九五四年為止。而光是擁有南越還不夠，希望將北越也納入殖民地統治的範圍內，因此法軍進行武裝進攻。

但是，一九五四年五月，在北越西北的山間城鎮丁兵夫法軍遭遇到大敗，以此爲契機，法國從越南完全撤退。在這一年七月簽訂日內瓦協定，從這個時候開始越南分爲南北二國，也就是在國際上成爲分裂國家。而當時南北的分治線是北緯十七度線。一般所說的南北越，就是以北緯十七度線爲交界。

一九六〇年（一般的說法是六一年，不過開戰時期不明確），北越以美軍爲對象，持續長期的戰爭。正式說法應該說是以聯合國軍隊爲對手，面對最尖端的武器，進行殘酷的挑戰。

越戰由北越獲勝，南越首都西貢在一九七五年四月被攻陷，南越政府瓦解。

以上簡單地回顧一下越南戰亂的歷史，在此注意到「越南的歷史」就等於「戰亂歷史」。佔領支配的時間極長，此外，也有與外國作戰的時代。而且，也可以說是爭權奪利的越南人的殺伐時代。

國民因貧困而痛苦，因此非常渴望擁有生存的尊貴及沒有戰爭的和平生活。這種痛苦的歷史以及希望擁有自由生活的歷史，直到今日仍然留在越南人的心中。南北越人的共通目的是「能夠安心地餵飽肚子，能夠得到和平的生活。能夠流著汗工作，不斷地努力」。爲了達成這個目的，越南人向最尖端的武器及化學武器挑戰。

「統一祖國」、「得到生活的自立」、「努力建立國家」、「過著幸福的人生」……這是越南人共通的認識。

從生存於和平體制下的我們眼中看來很簡單的吃飽肚子、建立一個沒有戰爭的國家、過能夠自立的生活等，這些事情對越南人而言，卻要付出他們所有的人生。這是所有的越南人所擁有的共同價值觀、人生觀。絕對不可以忘記這一點。

現在，越南已經朝著「刷新政策」的共同目標邁進。越南人共通目標就是建立國家，這是越南人的強悍之處，越南人的堅強。創造一個強而有力的國家，而且希望能夠加快速度不斷地朝前方邁進，就是因爲越南人擁有痛苦的歷史，希望能夠趕緊渡過這一段歲月。

## 四　推動刷新政策的國家

越南建國的基本是刷新政策。刷新是由政府、黨的領導部和國民合力推進的。

在第二章已經敘述過了，在此簡單地檢證一下刷新政策的四大支柱。

## 1 刷新社會主義路線

自南北統一以來，越南致力於社會主義的國家建設。越南共產黨基於「要快速建設社會主義的國家」的認識，因此以快速社會主義體制爲國家建設的目標。但是，社會主義體制特有的官僚主義，對於越南的建國沒有任何幫助，越是急於轉換爲社會主義，出現越多的問題點。結果，達成的結論就是要確立社會主義體制需要花較長的期間。

黨大會的決議是「越南社會主義共和國，今後要花較長久的時間努力於社會主義的國家建設」。也就是說，否決了性急的社會主義路線，重新評估胡志明思想。

## 2 刷新產業政策

刷新政策以前的越南，是透過蘇聯型社會主義體制而進行國家建設。而國家的基幹產業方面，否定了輕工業或農業等與生活有密切關係的產業培養，反而推進以重工業爲主的產業培養政策。

但是，十年來以重工業優先的工業化政策，對越南的建國沒有任何的幫助。即使製造許多引擎，但是國民卻不能吃引擎而活。越南的國民瞭解這一點。

於是在八六年的黨大會中，首次討論應該要讓以糧食生產爲主體的農業、水產業復活。

在工業範圍，則認爲應該轉換爲生活用品或進口代替商品等所謂的輕工業範圍。此外，以輕工業爲主體的產業有很多的勞動集約型產業，可以給與國民較多的就業機會，因此這個轉換理論深受歡迎。

也就是說，重新評估以重工業爲優先的想法，開始討論農業的重要性，將其納入基本政策中。糧食自己自足達到百分之百，對於建國形成一股很大的力量。

## 3　刷新經濟政策

導入市場經濟是大膽的選擇。從以往中央集權的分配經濟，變成以自立經濟爲基礎導入市場經濟，這種經濟改革備受注目。當然，除了國營、公營以外，也承認個人經營及企業經營（在越南一般稱爲私企業），承認一部分私有財產。從這個時候開始，放棄以往的官僚主義計劃經濟。也就是說，放棄分配經濟，導入市場經濟。

## 4　刷新國際化

以往越南大多是以越南本國的利害爲考量而展現行動，除了蘇聯、東歐等友好國家以外，與其他的國家對立。但是，今後要與世界各國共存，積極協助各國建立國際和平。也就是說，要積極參與國際協助。

越南的刷新政策不僅是國家的基本政策，同時也是國民生存的目標。刷新政策在第六屆黨大會中提出討論之後，並沒有付諸決議，而是經由農民運動、國民運動以及反政府運動等，花了很長的一段時間，才成爲國民的必然結果而塵埃落地。

換言之，越南的刷新政策可以說是凝聚了國民的汗和淚。越南的刷新政策是從農民運動開始，經由農業改革而促進的。而這個農業改革留下了能夠讓國民瞭解「和平意識」與「對於勞動的評價及財富的分配」等各方面的知識，功績頗大。

這一點對於我們探討今後的越南而言，具有極大的魅力。也可以說是一種可能性。的確，經濟成長的越南會產生物價的上升、都市與農村、北部與南部的所得差距、國民脫離共產黨等問題。雖然加盟東南亞國家聯盟，而且與美國建立正式邦交，躍登於國際舞臺之上，可是可能會擴大以上的問題點。但是，不但促進滲透於國民生活中的刷新政策，今後也不可能再後退了。爲什麼呢？

因爲刷新政策是越南的一切，也是越南人的一切。

## 五　從蘇聯的瓦解而復甦的越南
### ——蘇聯型社會主義與胡志明思想——

越南以蘇聯的瓦解為契機而復甦。同時也與蘇聯的瓦解為契機，而促進了與西方各國的交流。由於舊蘇聯的瓦解而復甦的國家是越南，由於舊蘇聯的瓦解而沉滯的國家是北韓。在一九九一年之後，越南的躍動非常地明顯。

越南的刷新政策在一九八六年黨大會中，經由國民總意而提出。在以往一直進行馬列主義的國家建設的土壤，不熟悉這種政策，因此，刷新政策的推動遲遲無法進行。

進行農業改革，使農民產生工作慾望、提升農業生產、從饑餓中解放出來，但仍然持續貧困的時代。

一直沒有考慮到要轉換為進口代替品的生產，或是生活相關商品的生產等產業政策。在露天市場攤販販售的日用品、雜貨品，大多是走私來的。

刷新政策的導入，在當時因為還是維持蘇聯的經濟體制，也就是經濟互助委員會體制，因此，並沒有和西方諸國交流。而且，當時的華僑、華人資本只能進行有限的投資，與西方諸國也只進行有限的交流而已。

但是，八九年柏林圍牆瓦解，東西緊張的情勢緩和。接下來的九一年蘇聯體制瓦解，世界對於越南的關心一舉擴大。如果沒有蘇聯的瓦解，刷新政策無法發揮機能，也無法流入西方諸國的資金與技術了。

導入刷新政策以後，遇到蘇聯的瓦解，藉著兩者相輔相成的作用，加速越南的建國。

## 六　美越建立正式邦交與越南的國際化

### ——地政學上的優勢具有積極效果嗎——

越南實現與美國的正式邦交夢想，堂而皇之地躍登於國際舞臺之上。

越南躍登國際舞臺，是在九四年二月解除對越經濟制裁開始的。加入東南亞國家聯盟（ＡＳＥＡＮ），在九五年七月和美國建立正式邦交，在歷史上寫下輝煌燦爛的一頁。

來自美國的投資及貿易交易增加，西方諸國也追隨美國，開始對於越南表現出更多的瞭解與關心。

的確，光從經濟面來看，可以期待具有很多的積極效果。而美國急於要和越南建立邦交，眞正的理由除了經濟面以外，也希望能夠發揮軍事上的作用。我們一定要瞭解這一點才行。

美國的軍事期待感對於越南而言卻是軍事的責任。在此，我們不得不探討的軍事責任，就是要越南貢獻對抗中國的抑止力。

美國或是東南亞國家聯盟現在最怕的就是中國的軍事威脅。尤其是中國海軍增強，絕對要阻止這個強力軍事力的南進才行。因此，美國和東南亞國家聯盟諸國希望越南能代替它們行使對抗中國的抑止力的使命，同時提供美國太平洋軍隊基地也是重要的責任。

東南亞國家聯盟諸國在美國的傘下，希望將越南當成橋頭堡與中國對峙，將越南當成中國南進的抑止力。所以，越南比預定的時期更早加盟東南亞國家聯盟，同時也比預定的時期更早實現與美國建立正式邦交的夢想。

這個軍事的責任，促進了越南的國際化。表面上期待「經濟發展與國際化」的禮物，但事實上卻隱藏了許多難題。如果忽略了軍事的責任，就沒有辦法來探討越南的國際化問題了。

對於這些國際化問題，越南國內推進派和愼重派雙方出現爭執的意見。當時的主張主要是「趕緊加入東南亞國家聯盟，在東南亞國家聯盟的傘下，與中國的威脅對峙」，這是推進派的想法。

而另一方面，「沒有力量而又一起靠攏的話，很可能會跌倒」、「急於加入東南亞國家聯盟或ＡＦＴＡ、加入降低關稅的自由競爭，則會阻礙產業的培養」、「等到有體力的時候再加入東南亞國家聯盟也不遲」這都是愼重派的意見。

在這些輿論當中，越南政府領導部仔細思考的結果，認爲「越南的國際化能夠促進美國解除對越經濟制裁。越南的國際化必須要考慮到美國的問題。美國也同意越南加入東南亞國家聯盟。而最近，甚至出現希望能夠早一點加盟的期待感。因此，就算有些危機，還是要加盟東南亞國家聯盟。藉此促進國際化才是上策。這件事（加入東南亞國家聯盟）也許能夠加速與美國建立正式邦交。越南的國際化最終目的就是要與美國建立正式邦交，應該要早一點實現這個願望較好。」結果，越南的確在早期就和美國建立了正式邦交，拿到了躍登於國際舞臺上的票。

在此，我們必須冷靜地思考的就是，建立邦交的腳步未免太快了。對越經濟制裁的解除也很快，而且很快就承認越南加盟東南亞國家聯盟。而這一次與美建立正式邦交，更是以出乎意料之外的速度進行。美國的越南外交從以往的對立姿態，變成示好姿態。將以往的人權外交完全捨棄，成爲親越外交。

很多人評論這個美國的轉變是：「想要利用越南成爲對抗中國的抑止力……。」但是實際上，美國向越南尋求的應該是，希望越南代替日本提供軍事基地吧！

看世界地圖可以瞭解到，東亞中心是南海，而美國陸海軍的中心在南海。所以，美國的亞洲戰略一定要檢討這個問題。

所以，面對南海、擁有天然良港的越南的卡姆蘭灣附近，當然可以成爲太平洋美軍的主要基地。以往成爲舊蘇聯的軍事基地、具有戰略意義的卡姆蘭灣，也許可以供美軍使用吧！

美國的經濟力衰退、軍事費用削減、領導力降低，在九六年以後發生世界景氣的震盪等等問題，都必須要加以考慮。因此，美國也希望早一點與越南建立正式邦交。

所以美國急於接近越南，現在又以非常快的速度建立兩國的邦交。換言之，美國世界戰略的基本政策的變更，加速了與越南的正式邦交的建立。

也許美國想要放棄與日本的安保條約，而想藉著亞洲中心越南進行世界戰略的大轉換吧！

九五年七月十二日，美越建立正式邦交，是美國在不得已的狀況下必須要進行戰略轉換而採用的手段。關於這一層分析，我們絕對不能夠忽略。

在胡志明市郊趕鴨的少年。
在越南，鴨是餐桌上珍貴的食物。

街角和道路沿線機車加油用的「簡易加油站」。

到處興建高樓大廈的河內市，
到處可以看到滿載資材的卡車。

在胡志明市，最近有很多賣桶裝瓦斯的店。

# 第六章　越南投資現狀與六大投資形態

來自日本的經濟投資，今後也不會後退。
對越投資將會更爲促進

# 一　投資的現狀與特徵

## 1　越南投資的現狀

環繞越南的投資環境急速好轉。最大的助力，就是與美國建立的正式邦交（一九九五年七月十二日）。越戰之後花了二十年歲月才建立的正式邦交，使得越南能夠躍登於國際舞臺之上。

登上國際舞臺是越南的心願，因此，爲了與美國建立正式邦交，越南傾注了所有的努力、付出了所有的犧牲。而能夠實現正式邦交的建立，對於越南的官民而言都是樂見之事。

與美國建立正式邦交之後，在七月二十八日加盟東南亞國家聯盟。隨著這些國際化的進展，確保了越南的國際立場，外國企業的投資今後將會一舉增加。

分析以往的外國投資，發現具有兩種特徵。第一就是投資的先導者爲華僑、華人資本。第二則是認可後取消的件數很多。

**表6—1　根據實際件數看國別外國人投資狀況（1994年12年末）**

（單位：100萬美元）

| 國　　名 | 計劃件數 | 總投資額 | 法定資本金額 |
|---|---|---|---|
| 1. 台灣 | 164 | 1,901.2 | 917.4 |
| 2. 香港 | 164 | 1,551.0 | 733.9 |
| 3. 新加坡 | 77 | 1,054.9 | 525.5 |
| 4. 韓國 | 92 | 860.3 | 380.3 |
| 5. 日本 | 68 | 690.1 | 482.5 |
| 6. 澳洲 | 44 | 683.6 | 274.5 |
| 7. 馬來西亞 | 32 | 581.9 | 306.2 |
| 8. 法國 | 59 | 545.6 | 271.0 |
| 9. 瑞士 | 12 | 461.3 | 179.0 |
| 10. 英領威京群島 | 10 | 355.5 | 143.9 |
| 11. 荷蘭 | 16 | 350.4 | 311.3 |
| 12. 英國 | 14 | 344.6 | 309.6 |
| 13. 泰國 | 42 | 226.6 | 141.3 |
| 14. 美國 | 26 | 223.3 | 91.7 |
| 15. 百慕達 | 5 | 170.4 | 107.5 |
| 16. 其他 | 158 | 932.8 | 529.1 |
| 合計 | 983 | 10,933.5 | 5,704.7 |

出處：國家協助投資委員會（SCCI）

以對越經濟制裁的解除（九四年二月）為契機，以往華僑、華人資本被日本、美國及韓國等西方諸國的企業投資取代。

下表是九四年末外國人投資狀況的整理。表6—1是國別的投資狀況。國別投資以總投資額的基礎來看，第一位是臺灣（十九億美元），第二位是香港（十五億美元），第三位是新加坡（十億美元）。都是來自華僑、華人企業的投資。

表6—2　年度別外國人投資狀況（1994年12月末）

| 年　度 | 認可件數 | 實效件數 | 投資總額（100萬美元） | |
|---|---|---|---|---|
| | | | 認可投資總額 | 實效投資總額 |
| 1988 | 37 | 23 | 362.8 | 232.2 |
| 1989 | 69 | 43 | 537.7 | 356.0 |
| 1990 | 108 | 76 | 600.0 | 443.6 |
| 1991 | 150 | 138 | 1,220.6 | 1,132.4 |
| 1992 | 192 | 190 | 1,905.7 | 1,891.8 |
| 1993 | 280 | 235 | 2,878.0 | 2,691.9 |
| 1994 | 338 | 278 | 3,704.7 | - |
| 合　計 | 1,174 | 983 | 11,209.5 | 10,933.5 |

出處：國家協助投資委員會（SCCI）

來自日本的投資六十八件，約七億美元。美國的投資九四年二月解除對越經濟制裁之後雖然只有十個月，但是已經有二十六件，留下二億二千萬美元的實績。

八六年十二月第六屆黨大會中，以刷新政策爲口號，到了翌年（八七年）越南制定實施外資法。因此，外國人到越南投資的初年度是八八年。

看表6—1就可以瞭解，外國人對越南的投資（實效基礎）從八八年起的七年內爲九百八十三件，一〇九億美元。

表6—2是以年度別整理對越投資的情況。看認可基礎就可以瞭解到，八八年爲三十七件、八九年爲六十九件並不多。但是，隨著八九年柏林圍牆瓦解，蘇聯、東歐諸國的凋零，以往東西冷戰劃上休止符之後，在九〇年、九一年主要華僑、華人的資本投資增

加了。九一年蘇聯瓦解之後，從九二年開始除了以往的華僑、華人資本以外，西方諸國的投資也增多，而且不斷擴大。九四年二月解除對越經濟制裁，使得對越投資產生很大的變化。

以往對越投資猶豫不決的日本、韓國、法國及英國等西方諸國開始擴大投資，一年內出現三百三十八件投資認可實績。這個傾向到九五年更爲顯著。日本、美國、韓國等國的投資，正式在越南建立。

**表6—3　基於許可基礎看地區別外國人投資狀況（1994年12月末）**

（單位：100萬美元）

| 市、省名 | 件數 | 總投資額 |
|---|---|---|
| 胡志明市 | 444 | 3,400 |
| 河內 | 192 | 1,900 |
| 東南省 | 89 | 860 |
| 海防市 | 35 | 697 |
| 克汪納姆達南省 | 32 | 328 |
| 巴里亞本達省 | 45 | 306 |
| 宋北省 | 38 | 285 |
| 基煙張省 | 10 | 274 |
| 兵特安省 | 7 | 234 |
| 河泰省 | 11 | 126 |
| 其他 | 271 | 2,799.5 |
| 合計 | 1,174 | 11,209.5 |

出處：國家協助投資委員會（SCCI）

表6—3是以地域別整理敘述外國人投資企業的進駐地。由這個表就可以看到，以往外國企業進駐地主要是以胡志明市爲主的南部地區。進駐胡志明市的企業數爲四百四十四件，而圍繞胡志明市的東南省、宋北省、巴里亞本達省的進駐企業數合計爲六百一十六件。

認可件數一千一百七十四件當中，五十二%是進駐胡志明市周邊地區（胡志明市經濟圈）。加上基煙張省與兵特安省的南部地區，總共達到五十四％。

另一方面，以河內爲主的北越的進駐企業非常地少。河內一九二件（十六％）、河泰省十一件（一％）、海防市三十五件（三％），也就是河內海防擴大經濟圈合計並沒有超過二十％。

所以，以往外國企業的投資都是集中在胡志明市周邊地區。投資企業的主體是華僑、華人資本，因此以越南爲對象的企業，會選擇在胡志明市周邊的華人企業，是造成這種現象的一大要因。此外，胡志明市比河內市的投資環境（外國投資家認爲意志的傳達或者是歷史觀、價值觀比較接近外國的投資家）更好所致。

但是，今後大型的基本建設投資或基幹產業投資不斷地促進之後，以河內爲主的北越的投資應該也會增加吧！

## 2　由華僑、華人資本主導的越南投資

以往在越南的外國人投資，是由臺灣、香港等所謂的華僑、華人資本主導的。華僑資本國家考慮到高危險性、高回收，而持續在越南投資。

一九八六年導入刷新政策，越南在政治及經濟上都是屬於不穩定的時代。因爲通貨

膨脹而痛苦、糧食缺乏、持續貧困的時代。八七年制定外資法，但西方先進諸國對於越南的態度冷淡。

而與冷淡的西方先進國家對照的，則是華僑和華人資本覺悟到投資的阻礙，可是還有很多企業積極地進駐越南。臺灣、香港及東南亞國家聯盟諸國的華僑、華人，以外國人投資的形態進行資金的轉移，對於越南的建國有極大的貢獻。到九四年爲止，外國人投資時機調查中發現，華僑、華人資本佔越南的六十%。在越南經濟助跑期的建國時期，可以說是藉著華僑、華人資本而得到穩定的經濟發展。

八〇年代後半期的越南被視爲是「銖經濟圈」的一員。當時越南還在蘇聯援助經濟體制下，卻有糧食缺乏的煩惱，是貧困的時代。因爲社會主義的弊端，而喪失了工作的慾望。

經濟規模爲泰國十分之一以下，是通貨膨脹非常貧困時代。但是，九一年以後脫離「銖經濟圈」，走向獨自的經濟路線。在「銖經濟圈」無法燃燒的經濟能源，藉著華人、華僑而開始燃燒，同時與西方諸國的交流活絡。在越南發展的助跑期，可以說是藉著華人、華僑資本支撐的。

## 3 外資企業的撤退情形嚴重

在探討對越南投資時，要瞭解它具有兩種特徵。先前敘述過的一種就是投資初期階段依賴華僑、華人，而另外一種特徵則是認可後取消的件數很多。

看表6－2就可以知道，一九九四年末的認可件數爲一一七四件，其中實效件數爲九八三件，一九一件是取消件數。相當於認可件數的十六·三％的數字，的確是異常的現象。

外國企業計劃將事業進駐越南，進行F／S（Feasibility Study＝可能性調查、企業化調查）作業、製作事業計劃書、接受投資認可。據說要得到投資認可的時間至少要花一年，較長的話則要花三年左右，但是投入了這麼長久的時間和資金，好不容易得到了投資認可，可是卻放棄了在越南的事業，取消認可而撤退，這當然是非常嚴重的問題。

對這種現象產生危機意識的越南政府，在九四年對於取消的案例進行實態調查。要瞭解外國企業爲什麼在得到認可書之後，卻取消認可呢？

經由分析實態調查內容，就可以瞭解到取消認可的實情，而且在考慮對越南投資時，也可以成爲一種活的教訓。關於實態調查的結果如下：

外國企業列舉了以下十四項取消原因。

①事前調查（F／S）不正確。

②越南方面的事業伙伴選定錯誤。

③事業計劃（生產計劃、販賣計劃、資金計劃）基本上有錯誤。

④無法解決資金運用等的財務問題。

⑤面對品質管理和勞資糾紛問題。

⑥原料和零件的供給不順。

⑦經營方針無法與越南方面的事業伙伴達成共識。

⑧越南貨幣貶值，對於事業經營造成極大的影響。

⑨原料和薪資急速上升，阻礙事業推進。

⑩越南的國內市場惡化。

⑪利益匯款、技術轉移費的匯款受到限制，同時國內信用分配導致資金減少。

⑫實施不正當的課稅。

⑬與國際水準有一段差距，無法填補這道溝渠。

⑭　與越南的思考及價値觀不同，因此，對於事業是否能持續下去喪失了自信。最多的理由就是F／S調查不充分，同時事業計劃產生錯誤等理由。在計劃海外投資時，首先要進行的就是F／S調查。

以越南的情形而言，成爲調查基本的資料非常地少，而且資料的精度不良。因此，沒有辦法充分做好事前調查，就開始申請認可及事業的例子非常多。結果，在事業推進時遇到了很大的阻礙，不得不放棄事業。

第二大理由就是合併事業的伙伴選擇上的錯誤。以往的外國人投資當中，合併形態最多，佔七十五％。

在選擇合併的伙伴時，必須要瞭解到這是影響事業成敗的基本要因，要小心謹愼。一定要聽取客戶、金融機構，以及專門機構的建議，愼重其事才行。

有機會的話就要多和越南企業聯絡，瞭解經營者的個性、人品以及公司的實情。互相商量以及會議的結果，如果發現沒有辦法與對方合作時，要拿出勇氣來拒絕與對方合作。在選擇合併的伙伴時，即使要花較長的期間，也必須要完全瞭解之後才能與對方合作。

在越南投資必須注意的事項，就是越南方面出資的土地問題。由於以往對土地的概念不明確，因此關於土地問題的糾紛不斷。

不過，在九三年制定了土地法，九五年一月二十四日越南政府公布了「在越南租用土地的外國個人、法人及其他組織之權利與義務相關法律施行的政令」，而且在同日施行。因此，能夠保障外國人（企業）在土地運用上的權利。

越南的土地是國有的，所以越南人或越南企業不具有土地所有權，可是卻擁有土地使用權和土地利用權。

使用權與我國的地上權同樣是物權，可以轉讓、可供擔保。如果是合併投資的話，必須充分調查土地和建築物的評價，和越南方面互相討論，確保雙方的瞭解才行。

在這個政令中，合併公司成立時，越南方面對於出資土地要發表其計算基準。按照計算基準，首先要確定①土地（水面、海面等）的地區所規定的平方公尺面積的一年內的利用權。②確立土地的立地條件。③確認基本政策的整備度。④確定產業優惠措施度。配合合併契約的年數，算出越南方面該拿出資金的基準。表6－4及表6－5是前述政令的附表，以此為基礎加以計算時，可以概略地計算出土地目前的價格。

也就是說，土地利用權（一年內）＝地區的土地利用權價格①×立地係數②×基礎係數③×產業範圍係數④。

## 表6—4　外國企業的土地、水面、海面的利用權價格①

| 區分 | 地區 | | | 利用租金費<br>相當於$m^2$/年間<br>（指定以外） |
|---|---|---|---|---|
| 都市城 | | | | 單位：美元<br>（最低基準價～最高） |
| (Ⅰ) | 河內、胡志明 | | | 1.70～13.60 |
| (Ⅱ) | 本塔歐、比煙波、海防 | | | 1.50～12.00 |
| (Ⅲ) | （14市） | | | |
| | 1.邦迪安 | 2.吉亞蘭 | 3.卡歐佳 | |
| | 4.哈頓 | 5.麥吉克 | 6.夫耶 | |
| | 7.達南 | 8.拿槍 | 9.達拉特 | |
| | 10.康特 | 11.特德克 | 12.賀克蒙 | |
| | 13.尼亞貝 | 14.安拉克 | | 1.125～9.00 |
| (Ⅳ) | （18市） | | | |
| | 1.東安 | 2.索克森 | 3.巴克尼 | |
| | 4.海頓 | 5.德森 | 6.哈隆 | |
| | 7.那姆丁 | 8.尼賓 | 9.泰賀亞 | |
| | 10.沙姆森 | 11.奎寧 | 12.隆森 | |
| | 13.鳳梅德 | 14.特德莫特 | 15.塔寧 | |
| | 16.賓隆 | 17.索克江 | 18.米特 | 0.75～6.00 |
| (Ⅴ) | （45市） | | | |
| | 1.森泰 | 2.達格安 | 3.威特奇 | |
| | 4.賓煙 | 5.夫特 | 6.波 | |
| | 7.亞賓 | 8.巴克江 | 9.森拉 | |
| | 10.特安瓜 | 11.來茶 | 12.迪安比安 | |
| | 13.拉歐卡伊 | 14.伊安拜 | 15.巴江 | |
| | 16.哈那姆 | 17.康安 | 18.基煙安 | |
| | 19.泰賓 | 20.翁比 | 21.賓森 | |
| | 22.塔姆提耶 | 23.頓哈 | 24.賀安 | |
| | 25.頓賀 | 26.賓克安佳 | 27.克安寧 | |
| | 28.茲霍亞 | 29.夫安蘭 | 30.夫安奇特 | |
| | 31.拉克佳 | 32.空茲姆 | 33.查德克 | |
| | 34.沙迪塔 | 35.巴克留 | 36.卡歐蘭 | |
| | 37.湯曼 | 38.特拉賓 | 39.卡姆基 | |
| | 40.班奇 | 41.賓安 | 42.比唐 | |
| | 43.森根 | 44.哥空 | 45.哈青 | 0.375～3.00 |
| 地方域 | | | | |
| (Ⅰ) | 岩盤質山岳地、貧脊、不毛地等 | | | 30～150/ha |
| (Ⅱ) | 其他 | | | 150～750/ha |
| 水面 | 河川、湖水、灣 | | | 75～525/ha |
| 海面 | 海 | | | 150～600/$km^2$ |

註：1.　市街地水面的建造物是用市街地域的適用費。
　　2.　這個利用費不包括居民移轉的補償費及整地等費用在內。

**表6—5　土地租借費算定係數**

| （1）立地條件　② | 係　數 |
|---|---|
| 1.商業、文化、觀光、娛樂的中心地區面對道路 | 2.0 |
| 2.同上地區不面對道路 | 1.7 |
| 3.上記地區近郊面對道路 | 1.3 |
| 4.同上不面對道路 | 1.0 |
| **（2）基本建設整備度　③** | **係　數** |
| 1.滿足以下四項條件 | 2.0 |
| a.交通便利、通路沒有問題 | |
| b.已經整地完畢 | |
| c.所需電力能得到供應 | |
| d.所需水的供應、有排水設備 | |
| 2.滿足上記1的三項 | 1.7 |
| 3.滿足上記1的二項 | 1.5 |
| 4.滿足上記1的一項 | 1.2 |
| 5.不滿足上記1任何一條件 | 1.0 |
| **（3）產業（業種）別優惠度　④** | **係　數** |
| 1.道路、橋樑、機場、港灣、發電廠、配電廠、給水及排水設施、EPZ 及 IZ 基本建設 | 1.0 |
| 2.礦業、冶金、機械製造、造船、汽車拼裝、建設資材、電氣機器、機械工業、基礎化學品、農業 | 1.2 |
| 3.其他製造、販賣業中包括農林水產加工，含工廠地區 | 1.5 |
| 4.觀光服務產業 | 2.0 |

因爲發表了這個基準值，所以今後就能明白越南方面的出資基準了。如此一來，有助於得到外國企業的瞭解。

在處理越南令人難以瞭解的土地問題時，必須要前進一步。

## 4 日本企業爭相進駐

隨著越南促進國際化，外國企業大量進駐。其中以日本企業的進駐最爲驚人。以往日本企業的進駐因爲以下四大阻礙要因而受阻。這四大阻礙要因是①基本建設不完善，②法律制度不完善，③美國的對越經濟制裁措施，④投資保險、貿易保險的未付保等。但是，其中①、②獲得改善，③、④也解除了，所以已經完全消除了進駐越南的阻礙要因。

其次，以型態別具體來探討日本企業的進駐情況。進駐型態是：①投資進駐，②利用駐在員事務所進駐。一九九五年以後，兩者都是以日本佔第一位。表6－6是九五年一月到六月爲止外國企業的投資狀況。日本企業進駐佔總投資額基礎的第一位，件數基礎的第二位。

九五年上半期（九五年一月到六月）來自日本的投資爲三十件，總投資額爲七億五千萬美元。這個表的特徵就是以往主導越南投資的華僑、華人投資減少，取而代之的則是來自日本、韓國、美國等地的投資增加。我想今後這種投資傾向將會更爲顯著，尤其美國企業今後的投資將會加速擴大。

**表6—6　外國人投資許可狀況（暫定）（1995年1月～6月）**

（單位：美元）

| | 國　名 | 件數 | 總投資額 | 法定資金 |
|---|---|---|---|---|
| 1 | 日本 | 30 | 754,553,549 | 278,782,120 |
| 2 | 臺灣 | 31 | 617,668,243 | 232,118,751 |
| 3 | 韓國 | 27 | 399,185,510 | 140,387,702 |
| 4 | 新加坡 | 27 | 356,519,730 | 130,138,650 |
| 5 | 瑞典 | 2 | 341,745,840 | 341,745,840 |
| 6 | 美國 | 11 | 295,791,447 | 118,471,212 |
| 7 | 巴哈馬 | 1 | 264,000,000 | 264,000,000 |
| 8 | 英領威京群島 | 13 | 169,177,462 | 76,371,742 |
| 9 | 馬來西亞 | 7 | 59,130,710 | 23,152,670 |
| 10 | 賴比瑞亞 | 1 | 47,000,000 | 18,800,000 |
| 11 | 香港 | 9 | 44,089,000 | 36,339,000 |
| 12 | 荷蘭 | 4 | 41,151,900 | 32,479,770 |
| 13 | 瑞士 | 2 | 34,315,600 | 21,633,000 |
| 14 | 泰國 | 5 | 31,491,580 | 11,950,000 |
| 15 | 澳洲 | 5 | 28,860,500 | 25,475,500 |
| 16 | 巴哈馬 | 2 | 25,600,400 | 13,080,400 |
| 17 | 法國 | 8 | 17,494,881 | 12,050,281 |
| 18 | 英國 | 2 | 12,454,520 | 4,399,520 |
| 19 | 俄羅斯 | 5 | 11,320,000 | 7,320,000 |
| 20 | 中國 | 5 | 8,440,000 | 4,591,000 |
| 21 | 德國 | 3 | 7,970,800 | 3,400,000 |
| 22 | 菲律賓 | 1 | 7,500,000 | 3,750,000 |
| 23 | 比利時 | 2 | 6,425,090 | 2,735,000 |
| 24 | 加拿大 | 3 | 3,372,878 | 2,540,000 |
| 25 | 西沙摩亞 | 1 | 3,300,000 | 1,000,000 |
| 26 | 波蘭 | 1 | 2,438,900 | 1,321,730 |
| 27 | 巴奴亞茲 | 1 | 1,911,932 | 1,911,932 |
| | 合計 | 206 | 3,592,910,382 | 1,809,884,820 |

出處：國家協助投資委員會（SCCI）

**表6—7　地區別駐在員事務所許可狀況（1995年1月～6月）**

| 國名＼城市名 | 河內 | 胡志明市 | 海防 | 本塔 | 達南 | 合計 |
|---|---|---|---|---|---|---|
| 日本 | 19 | 16 | 2 | | 1 | 38 |
| 新加坡 | 10 | 21 | | | 1 | 32 |
| 美國 | 8 | 14 | | 1 | | 23 |
| 香港 | 3 | 15 | 1 | 1 | | 20 |
| 韓國 | 6 | 11 | | | | 17 |
| 泰國 | 2 | 13 | | | | 15 |
| 瑞士 | 6 | 6 | | | | 12 |
| 中國 | 6 | 5 | | | | 11 |
| 澳洲 | 3 | 6 | | | 1 | 10 |
| 法國 | 4 | 6 | | | | 10 |
| 臺灣 | 2 | 8 | | | | 10 |
| 英國 | 5 | 4 | | | | 9 |
| 德國 | 3 | 6 | | | | 9 |
| 馬尼拉 | 1 | 4 | | | | 5 |
| 印尼 | | 3 | | | | 3 |
| 俄羅斯 | 1 | | | 2 | | 3 |
| 荷蘭 | 1 | 1 | | | | 2 |
| 其他 | 8 | 8 | | 1 | | 17 |
| 合計 | 88 | 147 | 3 | 5 | 3 | 246 |

出處：基於越南貿易情報中心的資料，由越南經濟研究所作成

表6—7是九五年以後地域別駐在員事務所認可狀況的整理表。

駐在員事務所的認可申請機構是商業省，與投資申請相比較，申請的文件比較少，認可所需的日數也比較少，因此這個認可數與越南的商業環境直結，成爲較快速的指標。從九四年到九五年的明顯展望，直接表現在這個

數字上。

九五年上半期的認可總數爲二四六件，其中日本企業爲三十八件，居於領先的地位。

九五年以後駐在員事務所的進駐，以往偏向胡志明市的進駐傾向，現在產生了變化。以日本企業而言，進駐河內的例子增加了。進駐河內的爲十九件，超過胡志明市的十六件，這是值得一提的事情。

還有一點要注意的就是，美國企業的進駐急增。美國企業不只投資，而且事務所的進駐也有急速成長的傾向（二十三件，爲第三位）。

越南的駐在員事務所可以進行事務所原有的任務，也就是聯絡事務或情報的蒐集，以及準備投資申請而進行設置申請等。爲了申請投資，所需要的F／S調查以及助長、促進申請事務，因此必須設置事務所。

所以，事務所的進駐非常地多。駐在員事務所的業務中，很少人知道還包括這一項（幫助投資申請）。因此，以九一年五月公布的實施細則爲參考來敘述一下。

第二項（b）的規定如下：

『關於在越南投資方面，外國當事者在以下的情況下可以得到認可證。基於越南外資法，對於投資事業的交涉或實施抱持善意，有推進的意志，而且計劃的法定資金在兩百萬美元以上時。或者這個事業爲投資獎勵範圍、政府相關機構（省廳、省人民委員會、市人民委員會、或中央政府管轄的特別區域）認爲對國家經濟而言是重要的案件。這時駐在員事務所的登錄期間，從事務所登錄開始不到一年。此外，得到國家協助投資委員會認可的當事者，在法定資金中，外國當事者的出資金如果爲五百萬美元以上時，表示事業已經開始。』

今後日本對越投資包括駐在員的進駐在內，將會不斷地增加。因爲越南商業的確深具魅力。

## 5 美國企業的進駐現況

一九九五年七月十二日，越南所期待的與美國建立正式邦交的願望終於實現。得到國際社會的認同，同時越南也躍登於國際舞臺之上。

以這一天爲契機，美國對於越南的投資正式開始。而且，美國企業的投資非常積極。美國出入口銀行的低利融資道路已開，同時相信不久的將來會給與最惠國待遇。所以美國企業進駐越南的慾望非常強烈。

## 表6—8　美國企業的進出現況（1995年1月～6月）

（單位：100萬美元）

| 認可日 | 計劃名 | 事業內容 | 越南方面的出資者 | 外國方面出資者 | 總投資額 |
|---|---|---|---|---|---|
| 95/3/20 | Betong Sajgon 5 Concrete J/V | 生產混泥土 | Saigon Construction & Trading Co., | The Lees of USA Inc. | 2.3 |
| 95/3/20 | IBM Vietnam Ltd., | 情報服務 | —— | IBM World Trade Corp. | 1.7 |
| 95/3/31 | Non Nuoc Beach Resort Co. | 休閒設施 | Non Nuoc Tourism Co. | BBI China Beach Ltd. | 243.4 |
| 95/4/4 | Deloitte Touche Tohmatsu Auditing | 監查業務與金融、經營協談 | Vietnam Auditing Co. | Deloitte Touche Tohmatsu Int´l Services | 1.5 |
| 95/4/8 | The Export Coffee Processing, Roasting Co. | 出口用咖啡加工 | Export Coffee Supply & Processing Materials CO. | Mc Cullage International Inc. | 6.0 |
| 95/5/12 | Oral B Ltd. | 生產牙刷、牙粉、刮鬍刀 | Saigon Corp. | Gilette Corp. | 5.0 |
| 95/5/13 | International Consultation Office | 醫療協談事務所 | Gia Dinh People's Hospital | 3A Corp.（美國）<br>SVRN Medical Service Ltd.（英領威京群島） | 2.2 |
| 95/5/13 | International Hospital | 經營醫院 | Gia Dinh People's Hospital | Three A Corp.<br>SVRN Medical Service Ltd.（英領威京群島） | 22.8 |
| 95/6/15 | Informatics Training & Service Contract | 電腦服務與出口 | Computer Technology Center | Empac International Corp | 0.7 |
| 95/6/17 | Dresser Oil VN | 石油服務 | —— | Dresser Far East Inc. | 9.2 |
| 95/6/28 | Vinawaco – Great Lakes J/V | 水路事業承擔業 | Waterway Construction Corp. | Great Lakes Dredge & Dock Co. | 1.0 |

出處：國家協助投資委員會（SCCI）

美國企業的對越投資，以九四年末的實效基礎來看，投資件數爲二十六件，總投資額爲二億二千萬美元（第十四位）。九五年上半期六個月內爲十一件，二億九千六百萬美元（表6—8爲投資明細）。

建立了正式邦交以後，發揮了作用，七月以後不斷擴大。

七月時歐基西登塔爾公司爲了生產PVC而投資一億一千萬美元，得到了認可。而八月時美國國際集團（AIG，保險大公司），提出在工業地區建設投資五億六千萬美元的申請。

在九月時，福特公司（一億美元）及克萊斯勒公司（二億美元），提出轎車、卡車生產的合併投資案，得到了許可。代表美國的大型企業陸續在越南的市場登場，申請認可的企業很多，其中可口可樂公司從八月末開始生產可口可樂，並且販賣。

美國企業的對越投資，是在對越經濟制裁解除之後（九四年二月）開始的，至少投資數字的表現是如此的。但是，實際上在九二年已經開始進行了。關於這一點我要稍微說明一下。

美國解除對越經濟制裁分爲三階段進行。第一次解除是在九二年十二月，第二次解除是九三年八月，全面解除是在九四年二月。第一次解除是在九二年十二月布希總統進行的，解除了以下兩點：

①　允許美國企業在越南國內開事務所。

②　承認美國企業的契約事項的締結（雖然能締結契約，但是規定必須等經濟制裁全面解除後才能生效）。

第一次解除後，美國企業一起進駐越南，開設事務所，進行企業進駐可能性的調查。而且，在投資方面也締結了很多的契約，關於貿易交易方面也簽訂了很多的契約，展開實質的企業活動。換言之，從九二年十二月開始，美國企業就已經進駐越南了。

第二次解除是在九三年八月，由柯林頓總統進行的。當時解除事項爲以下兩點：

①　ＩＭＦ及世界銀行、亞洲開發銀行等國際公家機構許可對越融資。

②　國際公家機構的附帶融資計劃，允許美國企業參加。

從這個時候開始，ＩＭＦ和世界銀行、亞洲開發銀行等公家金融機構開始融資。而融資附帶的基本建設事業，則由美國企業大舉參加。像通信、道路、港灣、發電等超大型基本建設事業，背負著公家金融機構的融資背景，而允許美國企業參加。

看表面投資的數字，會發現九四年對越經濟制裁解除後，美國企業才進駐越南。但事實上，美國在九二年就開始參與了，這是不容忘記的事實。

## 二　越南投資六大形態與依據法

一九九四年解除對越經濟制裁之後，對越南的投資急增。在以往大多是勞動集約產業爲了尋求廉價勞動力而進駐越南。先前也敘述過，臺灣、香港、新加坡等來自華僑經濟圈的投資非常多。以往投資是有限的國家，以有限的目的進行有限金額的投資。但是，對越經濟制裁解除的九五年以後，與美國建立正式邦交，正式加盟東南亞國家聯盟。越南一舉得到國際的認同。

與國際化平行的就是世界各國在越南進行多目的的投資。以往是勞動集約產業以及商業資本的投資，現在進行爲較大的質的轉換，投資形態和投資規模都產生極大的變化。來自世界各國的基本建設投資、基幹產業投資，或者是零件產業等的培養投資，都積極地進行。

當然，以廉價勞力爲目的，將越南當成生產基地，對於EPZ（出口加工區）或是工業地區的投資也持續進行著。

在探討越南投資時，不可以忘記的就是越南投資的依據法以及投資形態。在越南到底是以何種法律獎勵、限制外國企業的投資呢？而規定的投資的法律當中，關於進駐時的進駐形態（與投資形態相同），到底是什麼樣的形態呢？我們來探討一下關於投資的基本事項。

外國人對越的經濟投資，眞正開始進行是在一九八八年。在刷新政策策定的翌年八七年十二月時通過了外資法（正確的說法是『關於外國人對於越南投資的法律』，爲了與七七年的外資法相區別，有人將其稱爲新外資法）。

後來這個外資法到了九〇年（六月三十日）及九二年（十二月二十三日）做了兩次的修正，成爲現在外國人投資的依據法。此外，外資法的施行令『關於外國人在越南投資法律實施的相關細則政令』（一般稱爲「外資法施行令」）在九三年四月十六日公布，詳細規定外國人投資的細節（第一條是「這個政令使外國人投資具體化，詳細規定在越南的外國人的直接投資活動」）。

外國人投資的依據法外資法由四十二條條文所構成，外資法施行令則是由一〇五條條文所構成。

這些外資法及外資法施行令，制訂了關於外國投資家投資的基本範圍。此外，外資法施行令第五條，對於外國投資家推進事業時的依據法，有以下的規定：

**外資法施行令（第五條）**

一、在越南進行投資的外國組織及個人必須遵從這個法律所規定的程序。

二、基於外國投資法的事業的土地轉讓，必須依據土地法的規定。

三、建設業務的計劃必須遵從關於基本建設管理的法律。建設時如果導入外國技術及基準時，必須得到越南建設部的承認。

按照前述的外資法，將外國人對越南投資形態加以分類時可分爲五類。這五種形態都是以外資法爲依據法，不過，再加上以往進駐越南的方法中使用最多的委託加工方式在內，進駐形態應該分爲六形態。

在此來探討一下，外資法所規定的五種形態。

外資法的第一條是：①爲了越南的獨立、主權的確立，歡迎外國企業的投資（資本、技術）。②越南保證外國企業（或是個人）所投資的資本及其他權利，盡量簡化投資的手續。而投資形態則在第四條及第十九條有以下的規定。

**外資法（第四條）** 外國企業及個人可以以下的形態在越南投資。

一、事業協助契約。

二、合併企業或公司，以下稱爲合併企業。

三、一〇〇％的外國資本企業。

**外資法〔第十九條a〕**　外國企業及個人按照本法第四條規定的形態，可以投資於出口加工區。越南各產業範圍的企業，依據本法第四條第一項、第二項定義的形態，與外國企業或個人互助合作，投資越南的出口加工區，或者是可以設立自己的資本企業。

越南市場企業及出口加工企業之間的物品移動視爲進出口業務，必須按照進出口法的規則來進行。政府公布了關於出口加工區及出口加工企業的限制。

**外資法〔第十九條b〕**　爲了社會基盤建設，而在越南投資的外國企業及個人，可以和越南政府授權的機構簽訂「建設、營運、轉讓契約」。外國企業及個人契約除了可以享受先前叙述的權利之外，同時也具有實行業務的責任。政府依照「建設、營運、轉讓契約」的形態公布投資細則。

在一九八七年十二月制定，八八年一月實施外資法的投資形態是：①事業協助契約，②合併投資，③一〇〇％外資企業的三種形態。到了九二年十二月修改之後，又追加了④出口加工區投資，⑤ＢＯＴ契約投資。所以，現在投資形態爲五形態（以外資法爲依據法進行投資時）。

委託加工的進駐，本質上是加工貿易，不過法律規定外國人不能投資。但是，幾乎都是提供生產設備或者是提供資金。在「進駐海外」的範圍內委託加工貿易，以廣泛的意義來說，也是利用投資而進駐海外的一種形態。因此，可以將其視為是第六種進駐形態。

一九七六年終於如願以償地完成統一，但是持續與中國的紛爭，而且進攻柬埔寨，導致越南國力疲弊。而唯一可以依賴的蘇聯，在八〇年後半期國力衰退，政治的領導力減退。當時也受到美國的經濟制裁。因此，判斷沒有辦法得到海外的投資與援助的政府，鼓勵振興與海外的貿易。但是，當時出口的商品只有煤和蝦子，還沒有開始開發石油。另一方面，外國進口的商品卻堆積如山。包括肥料、水泥、鋼鐵、日用品及家電製品等。

但是，當時外幣急速缺乏，沒有辦法進行進口業務。在這個時期，政府考慮廉價的勞力應該能夠發揮一些作用，結果將全力傾注在委託加工貿易上。因此，日本各商社競相擔任加工貿易的先兵，在越南進行委託加工貿易。

在此，要附帶一提的就是一般稱為SCCI的機構，其正確的名稱應該是State Committee for Cooperation and Investment。可以將其譯為是國家協助投資委員會。越南政府在八九年六月興設了這個直屬於內閣的機構，希望能為外國人投資的窗口機構。

SCCI是負責外國人投資的案件申請，該事業的調查、許可，與其他外國企業的監督、分析、管理，並決定特惠稅率及優惠措施等的機構。相信來越南投資的外國人，都熟悉這個政府機構。外國投資家每當提出投資申請時，或是事業撤退、解散時，都會受到SCCI的照顧。因此，一定要充分學習SCCI的機能及業務內容。越南政府在九五年十月二十一日，將與經濟有關的八個部和委員會濃縮爲三部。因此，SCCI與國家計劃委員會合併，成爲新的計劃投資省。而SCCI的業務由計劃投資部繼續執行，投資的手續沒有任何的更改。

## 1　利用契約協助事業

「利用契約協助事業」是指越南的經濟組織與外國的投資家，在一定期間遵守契約事項，展開事業的投資形態。

這裡所說的越南經濟組織，是指：①國有企業，②合作社，③基於公司法設立的企業，④基於個人企業法設立的個人企業等。

首先要以這些經濟組織訂立事業目的，決定資金籌措、利益分配、損失分擔、相互的權利與義務、具體的協助內容等，以此爲基礎，外國的投資家對於越南的經濟組織進行事業協助的投資形態。因此，不需要重新在越南設立法人。大家也許會認爲這個投資形態是特異的形態，或者是因爲很多人不知道，所以在以往進駐的例子比較少。

像日本企業以往主要是以原油探查事業等十家公司，利用這種投資形態進駐越南。而「利用契約協助事業」的投資形態，進駐越南的日本企業得到許可的事業內容如下：

| | | |
|---|---|---|
| 八九年九月 | 伊艾伊 | 飯店事業 |
| 九〇年八月 | 菲納公司 | 探勘原油 |
| 九二年六月 | 帝國石油及其他 | 探勘原油 |
| 九二年七月 | 丸紅及其他 | 探勘原油 |
| 九二年八月 | 伊藤忠石油開發 | 探勘原油 |
| 九二年十月 | 出光石油開發 | 探勘原油 |
| 九二年十月 | 三菱石油 | 探勘原油 |
| 九三年九月 | 東京丸一商事 | 稻米加工 |
| 九四年四月 | MJC石油 | 探勘原油 |
| 九四年十一月 | 亞德普洛納加洛 | 電光廣告設計 |

利用契約的事業協助在外資法施行令的第八條規定「定義」，而第十條則規定投資形態中最重要的相互契約內容。

**外資法施行令〔第八條〕**

一、事業協助契約不設立法人，基於責任的相互分擔及事業成果的分配，在越南進行共同事業活動，以此爲目的，由多的出資者（以下稱爲「契約出資者」）締結文書。更換完成品或交換原材料、購買設備、用製品支付的商業契約及經濟契約，不適用於此政令。

二、事業協助契約的期間，按照事業的性質和目的，由出資者之間互相同意，要得到國家協助投資委員會承認才行。

三、事業協助契約書必須由契約出資者正式代表權者簽名。

**外資法施行令〔第十條〕**　事業協助契約書必須記載以下的事項。

一、出資者的國籍所在地以及正當代表權者。

二、事業活動的內容。

三、主要設備及原料的質量的記述書、製品的質量明細書、國內及國外的消費情形、回收的外國貨幣與越南貨幣的比例。如果代替進口的話，則要明示支付方法。

四、出資者的義務與權利、議決與事業成果分配的方法、契約書上的出資者之間的義務與權利的分擔條件。

五、關於契約期間契約遂行的出資者間的責任、契約的修正及終了。

六、遂行契約中所產生的出資者之間的糾紛的解決程序。

七、契約的法律效力。

## 2　合併投資契約

合併契約的投資形態，是越南投資家與外國投資家之間（或者是合併企業、外國投資家）締結合併投資契約，在越南營運事業，在越南要新設立法人。外資法對於合併企業的定義如下：

**外資法〔第二條十一項〕**「合併企業」是指藉著合併契約，由兩者或是多數在越南設立的企業，或者是越南政府與外國政府基於同意書，或者是既存的外國企業或個人設立的合併企業按照新規設立的企業。

根據外資法投資合併企業時，外國投資家不論是法人或個人都可以。但是，越南投資家必須是屬於經濟部門的越南經濟組織（①國有企業、②合作社、③基於公司法設立的企業、④基於個人企業法設立的個人企業），不可以中央政府或地方政府爲直接的對象。由這個規定就可以瞭解到，越南人個人不可以成爲外國投資家的生意伙伴。

越南的個人企業法也承認一人可以設立個人企業，越南人個人設立個人企業，這個個人企業可以成爲外國投資家的伙伴。因此，實際上個人如果能設立企業組織的話，就能成爲合伙的事業伙伴。

其次，關於合併企業的設立方面，外資法施行令（第十九條）有規定。第十九條的規定簡要敘述如下：

①　合併企業是根據有限責任的公司形態，是基於外國投資家與越南投資家所締結的合併契約而設立的。

②　合併企業基於合併契約書與定款按照獨立經濟、會計制度的原則營運。

③　合併企業可像國家投資協助委員會（SCCI）提出許可申請。如果SCCI發給投資許可證及定款的登錄證明證，則可以設立……。

合併公司佔越南投資形態的七十五％，外國投資家一般都是先檢討利用這種投資形態進駐越南的利弊。看來自日本的投資現狀就可以瞭解到，九四年十二月末的投資件數（七十一件）中的七十三％（五十二件）都是合併形態。

但是，在探討合併形態時，會注意到一些難題。這些難題是公司營運上的問題點，在此提出其中的幾項。

**(1)投資比率**

外國人投資家最低分擔金爲法定資金的三十％以上（外資法第八條、外資法施行令第二十七條），而法定資金（定款規定的合併公司的資金）佔總投資額的三十％以上

（外資法第八條、外資法施行令第二十七條）。

而這個投資的分擔，也就是投資比率很多人都不瞭解，其中隱藏著基本的大問題點。外資法和外資施行令規定，只限於對越南而言經濟重要產業的範圍（鋼鐵或水泥、汽車及其他），越南的投資比率可以依序增加。

要使投資比率增加的方法，就是收購外國企業持有的股份或是增資的部分只由越南接受，或者是越南的出資土地或建物要再評價，納入越南方面的出資金中。

對於越南政府而言，在經濟上舉足輕重的企業，永遠都是在外國投資家的考慮下運作，令他們感到非常困擾。所以，希望逐年提高越南方面的持股比率，最後能夠確保經營權，以此爲目的而有了以上的規定。而外資法第八條的後半部，和外資法施行令的二十七條的後半部分別有以下的敘述。

**外資法（第八條）**　政府決定的重要經濟範圍，當事者（多數）同意越南當事者對合併企業法定資金的分擔部分可以慢慢增加。

**外資法施行令（第二十七條）**　國家協助投資委員會對於重要的企業，在締結合併契約時必須同意合併企業出資者之間對於法定資本方面，越南可以增加出資的時期和比例。

**⑵維持外幣平衡**

合併企業有義務要維持外幣平衡。爲了進行正常的合併企業營運所需要的外幣，由當事者負責籌措，這是外資法第十一條規定的事項。

越南具有龐大的對外債務（一般來說是一百四十億美元左右），但外幣準備金非常地少。正式越南的外幣準備額並沒有發表，不過很多的越南專家估計大約爲十五億到二十億美元。總之，現在的越南無可避免外幣缺乏問題。像這種越南的外幣情況，在「維持外幣平衡」的名義之下，合併企業有義務要籌措外幣。外資法第十一條的規定如下：

**外資法〔第十一條〕**　爲了維持合併事業的外幣平衡，當事者（多數）同意製品的出口及在越南國內銷售的比例。所有的出口或是用其他手段獲得的外幣，至少能夠維持合併企業的正常運作，同時必須滿足保護外國當事者利益的外幣必要量。

**⑶董事會**

爲了掌握經營權，投資比率必須要確保爲六七％才行。而這個議論重點在於應該怎麼做才能維持合併公司的營運順暢。首先就來探討一下合併公司的營運。

營運合併公司的最高經營機構是董事會，而構成董事會的董事是按照法定資金的比例選出的。而且，在出資者兩者之間，至少必須要選出兩名董事。而如果是多數者的合併，則各當事者至少必須要選出一名董事。出資者之間所選出的董事會先選出會長，然後選出社長及副社長。而關於日常業務的處理方面，社長及第一副社長其中一人必須是越南人。這是外資法第十二條，外資法施行令第三十一條的規定。

**外資法〔第十二條〕**　合併企業的主體是董事會。各當事者依照對合併企業的法律資金分擔的比例來任命董事。兩者間合併企業各自需任命兩名董事。多數者間合併企業，各當事者至少要任命一名董事。

越南當事者爲一者，而外國當事者爲多數時，或者是外國當事者爲一者，而越南當事者爲多數時，兩者各自需要任命兩名董事。董事會會長在當事者的同意之下任命。爲了營運合併企業的日常業務，社長及副社長由董事會任命，關於合併企業的營運方面，對董事會負責。社長或是第一副社長中有一人必須是越南國民。

**外資法施行令〔第三十一條〕**

一、合併企業的最高經營機構爲董事會。

二、董事會的構成員數對各出資者的董事會構成員的分配，構成員、會長、社長及副社長的任命，按照外國投資法第十二條決定。董事會的會長可兼任合併企業的社長。

三、董事會的任期必須由合併企業出資者同意。但是，不可以超過五年。

四、新的合併企業（既存合併企業與外國出資者一起建立合併企業）如果是由兩出資者（既存的合併企業與外國的一出資者）建立的話，則各出資者必須要選任兩名以上的構成員進入董事會。而新合併企業爲三者以上多數出資者（既存的合併企業與多數的外國出資者）構成時，則既存的合併企業出資者必須選任兩名以上的構成員進入董事會。

負責合併公司實務的社長與第一副社長之間如果意見不一致，則規定要遵從社長的意見（外資法施行令第三十四條）。但這時第一副社長可以保留自己的意見，稍後在董事會中提出這個議題，由董事會對其意見進行決議。此外，除了這個方法以外，還可以對擔任董事會議長的會長提出召開臨時董事會的提議。

前述投資比率六十七%的想法，是因爲外資法規定要基於投資比率選出董事，擁有三分之二以上的董事的董事召集以及決議，只需由外國投資家的意向就可以進行。

外資法施行令第三十二條的規定：①董事會至少一年要舉行一次，或基於董事會議長、選出的三分之二以上的董事的請求也可以召集董事會。②董事會必須由構成董事會的董事三分之二以上出席才能成立。也就是說，只要有三分二以上的董事要求，就可以召開董事會。有三分二以上的董事出席就可以成立董事會。因此，產生了六七%的這個數字。六十七%也是外國投資家必須注意的第一要因。

外國投資家執著於六十七%的第二要因，就是一般關於合併公司營運的事項，必須由出席的董事三分之二以上承認才可以決議。但是，在越南一般事項以外的重要事項，原則上必須要出席的董事全部通過。在此所說的重要事項，是指關於生產計劃或預算作成、借入（借款或向銀行借貸等）、定款的變更、會長、社長或第一副社長的任命或卸任等。

得到出席董事一致通過，是指只要擁有三分之二以上的董事就可以召開董事會進行決議。所以，確保六十七％的經營權非常重要。

有了合併公司的經營權，就可以強行召開董事會，甚至有不顧越南方面的反對而公司繼續營運的事例出現。當然這是基於外資法的法律規定進行合法的合併公司的營運，但是像這樣的公司有可能會因爲越南方面的不信任感，而解除合併契約。

進駐海外最需要的就是雙方的信賴。要多花點時間向越南方面說明，或者是不可以因爲擁有六十七％的經營權，就忽略越南方面的權利。這樣會導致越南的不信任，使得合併公司無法運作。

在越南的合併投資最重要的就是雙方的對話。對話就能夠成爲一種信賴，才能得到共通的事業伙伴。的確，思考或者是價值觀不同、工作的方式不同、生活環境不同等等因素，要得到對方的瞭解和信賴是很困難的。但是，還是必須要進行對話，討論事業的目的和方法論，從基本的事項開始好好地討論。雖然越南和我國對於社會的看法有不同的尺度，但是還是要超越這些障礙，建立雙方的信賴關係。當然，這是很困難的事情，可是在越南經營事業的確需要付出很多的心血及努力。如果沒有做好這些心理準備，只是按照法律解釋去做，沒有辦法解決越南的商業問題。因此，六十七％的議論是無用的。

爲各位敍述一下訂定董事會決定的外資法施行令第三十三條：

**外資法施行令（第三十三條）**

一、董事會擁有關於合併事業事項的決定權。關於以下各號所揭示的事項的決定，必須基於全會一致的原則來進行。

・合併企業每年度及長期的生產、事業計劃、預算及借貸、合併企業的定款的修正及補足。

・合併企業的董事會會長、社長、帶頭副社長及會計負責人的任命及卸任。

二、由董事會做成的決議，必須得到出席構成員三分之二以上的承認，才能生效。

三、如果本條第一項所規定的事項，不承認董事會構成員基於全會一致的原則，或者是對於合併事業的營運有阻礙時，則經營會議可以選擇以下方法中的任何一種。

・由紛爭解決委員會解決該問題。紛爭解決委員會是在合併企業的當事者之間同意之下而設立的，代表各出資者的同數代理人及擔任委員會議長的國家協助投資委員會的代表者構成。紛爭解決委員會的決定必須由多數人認同。這個決定是合併企業當事者必須遵從的最後決定。

•可要求國家協助投資委員會擔任解決紛爭的仲裁機構。這時國家協助投資委員會的決定視爲最後決定。

•解散合併企業。

### ⑷預備調查的不周全

當事者雖然努力經營合併公司，但是有時遭遇不幸而必須要撤退。懷抱著夢想進駐越南，認爲：「不應該會有這種事情發生」。

最大的問題就在於事前沒有充分地進行F／S（預備調查、可能性調查）。「莫名奇妙地就進入越南了」，或者是「因爲別的公司已經先走一步，害怕落後而進駐越南」、「在朋友的邀請下簽訂契約」。也就是說，有很多沒有自己的意見和見識而進駐的企業。因此，決定進駐之後，只是準備一些必要的文件，基於以上的理由而進行F／S的企業也很多。

F／S的結果，如果是判斷不具有可能性的投資，就必須要有勇氣拒絕進駐。

最大的問題就是越南方面出資的土地問題。越南方面出資的土地有土地使用權，當成資金出資，而這個土地的租金必須由合併公司來支付。這時，在雙方的信賴之間產生了一道鴻溝，最後發展爲取消合併公司的下場。

越南方面出資的土地使用權、建物、機械、設施等等，在簽訂合併契約書之前，就必須深入地討論。如果不瞭解的話，一定要互相溝通到完全瞭解爲止。

像國人先妥協的作法是不對的。在還沒有完全瞭解的情況下，卻「唉呀！先得到許可再說」或者是「後來再花點時間瞭解、解釋好了」，在妥協之下成立了合併公司，當然進展無法順利。

於是，最惡劣的事態到來，合併公司不幸地必須要解散。

合併公司成立時，必須充分做預備調查，預測最惡劣的事態，將仲裁、解散等有利條件記載在合併契約書中，這樣的話，即使遇到解散、撤收的事態，也不會感到驚慌。但是，事態通常不會如預料中進展得那麼順利，有時不得不將所有的投資設備都放棄。

外資法的第二十一條與第二十二條，保證外國人投資家的財產資本，但是合併公司具有相互的對立關係，在不得不撤退的情況下，即使有外資法的規定，也無法保障財產權。

此外，在外資法施行令第一〇〇條中規定了解決紛爭的方法。第一〇〇條的敍述是「先由當事者互相商量，如果商量無法解決時，則透過調停解決。」這時的調停機構就是越南的仲裁機構，或是第三國仲裁機構、國際仲裁機構，由出資者選出仲裁團，接受仲裁解決的話，就需要花較長的期間，而且需要龐大的資金。因此，使得很多的日本企業將投資的設備和材料全都放棄了。

進駐是很簡單的作業，但是撤退卻是伴隨著痛苦的作業。進駐之後爲了避免撤退，一定要充分調查，同時也必須要改革意識。

外國投資家的財產權的保證，在外資法第二十一條與第二十二條有以下的規定。

**外資法〔第二十一條〕**　由外國企業或個人在越南投資的資本及財產，不得因行政措施而徵收或接收。此外，外國投資企業也不得國有化。按照越南法律的變更，如果得到認可的事業協助契約或是外國投資企業的當事者的利益減少時，國家基於保護投資家利益的原則，要採取適當的措施。

**外資法〔第二十二條〕**　在越南投資的外國企業及個人，可將以下各項轉移到外國。

一、由事業所得的利益中應得的部分。
二、技術或提供服務的代價。
三、事業營運的過程中所需的借貸金額的利息。
四、投注資本。
五、合法所有權及其他金錢和財產。

此外，像紛爭仲裁機構或所管官廳提出解決紛爭的方法時，規定事項是如外資法施行令第一〇〇條、第一〇一條、第一〇二條所規定的。

**外資法施行令〔第一〇〇條〕**　合併企業或契約事業協助出資者之間的紛爭，最初由出資者之間進行交涉及調停來解決。如果紛爭無法得到合理的解決時，則可向以下仲裁機關提出申訴。

- 越南仲裁者、第三國仲裁者或國際仲裁者。
- 由所有的出資者所選出的仲裁團。

**外資法施行令〔第一〇一條〕**　原有外國資本的企業間，根據契約事業協助的外國出資者間，或者是與越南企業之間的紛爭，基於越南法律，由越南仲裁機構解決。

**外資法施行令〔第一〇二條〕**　外國投資企業間，基於契約的事業協助出資者和越南政府機構之間的紛爭，透過調停解決。如果調停的努力失敗時，事件必須向政府的所管官廳提出申訴。

### (5)土地的糾紛

前項敘述過，有很多關於土地的糾紛。土地的使用或權利的行使以及土地的運用等等的糾紛非常多。在越南，越南人或越南企業、外國的投資企業都沒有土地的所有權。各當事者對於國家要支付土地使用費，行使土地使用權（使用水面、海面時，要各自支付水面使用費、海面使用費，行使各自的使用權）。

外國企業進駐越南，以合併公司或百分之百外資企業的方式展開事業時，越南的土地使用經常會成為問題。百分之百外資企業支付土地使用費，行使土地使用權，而這時的土地使用費（也稱為土地租借費）是否是合理的價格，經常會成為問題。以往，並沒有規定土地使用費的明確基準，外國企業經常會有金額過多的牢騷出現。

而且先前也敘述過，九五年一月二十四日公布「在越南租借土地的外國的個人、法人的權利及義務相關法律施行政令」（土地法施行令）使得外國企業的土地租借費的基準明確化。

合併企業的問題實在很多，還有很多問題尚未討論到。合併企業的土地問題當中，經常會成為問題的，就是越南方面出資的土地使用權，但合併企業卻要支付租借的土地費用。關於這個問題，依據法是如何規定的呢？

這時的依據法應該要使用外資法或是外資法施行令，以及先前所說的土地法施行令。看似與土地法有關，但是在這個時候應該將其判斷與土地法無關。外資法施行令第五條規定「基於外國投資法事業的土地轉讓，必須遵從土地法的規定」，但是，越南方面對於出資的土地並沒有關於土地法方面的規定。

而前述的依據法，越南方面的出資就是所投資的土地使用權，但是雙方對於租借費的解釋卻各有不同，這也是導致外國企業不信任越南的原因。此外，外資法第二十九條規定「外國投資企業（合併企業及百分之百出資企業）的外國當事者，應支付土地的租借費。」規定投資於合併企業的外國企業是必須支付土地租界費的義務者。

**外資法（第二十九條）**　外國投資企業及事業協助契約的外國當事者，使用土地、水面及海面時，要支付租借費。開發天然資源時，要支付資源稅。

另一方面，外資法施行令第七十九條規定，越南當成出資金的投資土地，如果能有效利用於工廠建設等，則不需支付土地使用費（租借費）。

**外資法施行令（第七十九條）**　天然資源、土地使用費、水面使用費及海面使用費，基於外資法第七條規定，越南出資者如果不能當成工廠建設的一部分提供時，則外資企業及事業協助出資者必須支付資源稅、土地使用費、水面使用費和海面使用費。而土地使用費、水面使用費及海面使用費由經濟部規定。

也就是說，如果不能成為工廠建設的一部分而提供出來的話，則必須要支付土地使用費。相反的，越南方面的出資者，如果能提供工廠建設土地，則不需要使用費。

根據土地法施行令，基於外資法在越南投資的外國企業、外國人，規定為土地的租借者（第二條）。租借對國家必須支付租借費（第五條）。

第五條全文如下。

**土地法施行令（第五條）**　租借人應該支付國家租借費。土地使用者對於提供租借土地的國民必須要加以補償。此外，土地租借手續終了時，必須支付土地手續費。而外國的個人、企業租借土地時租借費由經濟部規定。

看以上的依據法可以瞭解到，對於土地使用費的支付義務是否是外國投資家這一點並不明確。因此，以往合併投資的外國企業具有支付義務。而合併公司也必須有支付的義務（越南政府的規定）。但是有些企業卻以外資法第七十九條爲盾牌，而一概不支付費用。

最近，得到合併投資許可的超大型投資企業，認爲對於越南方出資金（土地使用權）必須支付租借費是不合理的作法而提出要求，越南方面也接受了。

這家日本企業以書面請求，希望在五十年內不需要支付土地的租借費，同時與合併的對方企業（國營企業）、政府、農民委員會等相關的十六機構交換了備忘錄。

最近這個土地使用費在日本被視爲是具有固定資產稅的性格，因此，很多人認爲社會合併公司應該要有支付的義務。

每年持續支付出資金基本的土地使用費的話，在事業持續期間內必須要支付兩倍的土地費用。但是，因為具有與出資金不同的土地使用稅性格，因此，有的人認為應該要支付。越南政府的文件全都書寫為土地使用費或土地租借費，那麼到底具有何種性格呢？必須要充分地檢討。在充分瞭解的情況下，才可以開始合併投資。

先前叙述過，固定資產稅性格的使用費，越南政府只是以土地使用費或土地支借費來加以表現，而可能如以往一般要求相當於土地出資金的使用費。關於這些土地問題，越南政府一直沒有統一的見解出現。

因此，負責人或者是對方企業的解釋各有不同。越南政府現在努力要找出統一的解釋，但是，這個問題目前還在討論當中。

## 3　百分之百的外資企業

百分之百的外資企業是指外國資本單獨進駐越南的形態，為全額依賴外國資本。關於百分之百外資企業，外資法第二條第十二項規定：「百分之百外國企業是指得到越南社會主義共和國政府的許可，由外國企業或個人在越南設立的企業，其資金百分之百為外國企業或個人所保有的企業」，外資法施行令第四十三條規定「百分之百外國資本的企業，是指在越南由外國組織或個人完全擁有或設立，而且其組織或個人全面進行管理，自行負責其營業結果的企業。」

這種進駐形態，由於是外國企業為獨自的法人在越南設立企業，因此，並沒有合併契約書，只需要定款。這種進駐形態，是以與合併公司具有同樣有限責任的越南法人的形態設立的。而設立的手續，與合併投資的情況相同。法人設立時，需要法人代表者。而這個代表者必須是居住在越南的人（外資法施行令第五十一條），因此，大多是外國企業的外國人，利用長期停留護照居住在越南。有的企業則是將百分之百外資企業的代表全委任越南人。

按照外資法的規定，百分之百外資的進駐形態，如果是經濟重要部門的業種大規模投資的話，越南政府對於這種百分之百的進駐並不歡迎。

外資法第十四條的後段有以下的規定，也就是百分之百外國資本可以由越南企業依序購買。

**外資法〔第十四條〕**　根據政府規定，基於與百分之百外資企業的協議，在重要經濟範圍內，其企業資本的一部分可以由越南企業依序購買。

另外，外資法第四十七條，也規定越南政府可以指定合併企業化，規定如下：

**外資法施行令〔第四十七條〕**　國家協助投資委員會判斷為重要經濟部門時，基於與越南企業的協議，可以讓售一部分的資本進行合併企業。而這個項目在投資許可的條件中記載，會對外國投資家進行指導。

投資的申請書上必須明確記載資本讓渡的原則、比例及時期。

基於以上的規定，越南政府如果判斷爲重要經濟部門的投資，在百分之百的申請書上可以詳細記載合併的時期或讓渡資金的金額等。

即使接受投資許可時是百分之百外資企業，也要依序將股份讓渡給越南，有義務變化投資形態成爲合併公司。在此政府並未規定重要經濟部門爲哪些業種，政府（SCCI）判斷爲重要經濟部門的業種或是大規模投資，是不允許百分之百外資投資的，目前完全依照SCCI的判斷基準。但是，以過去政府許多處理方式中，就可以瞭解到鋼鐵、電力、港灣、道路等的基本建設，或是汽車、機車、家電製品等都屬於本範圍內。

例如，九四年十二月末，日本以百分之百外資企業進駐的有九件，按照許可順序如下：

| | | |
|---|---|---|
| 九一年十二月 | 飛行船 | 美容業 |
| 九三年四月 | 柯托夫基·holding | 食品加工 |
| 九三年五月 | 京都　寺田 | 和服製造 |
| 九三年六月 | 大成建設 | 建設設計 |

| | | |
|---|---|---|
| 九三年九月 | tide | 鈕扣製造 |
| 九三年十月 | 山下瓦斯機器 | 煤氣爐 |
| 九四年二月 | 三井物產 | 儲油槽製造 |
| 九四年八月 | 久光製藥 | 製藥業 |
| 九四年八月 | everton | 出口用農產物 |

到九四年十二月末，目前日本的進駐企業百分之百外資的投資只有十二%而已。董事的數目及董事的召集、決議等公司營運上的問題點的解決捷徑，就是百分之百投資，但是很多投資申請被視爲是重要經濟範圍，因此申請都被駁回，所以百分之百外資只佔十二%。

今後，日本的企業進駐越南，以基幹產業和大規模投資較多。因此，出口加工區（ＥＰＺ）或工業地區以外的百分之百投資，可能還是不會得到許可。進駐ＥＰＺ或工業地區的日本企業急增，而進駐此地的企業幾乎百分之百都是外資進駐。

進駐ＥＰＺ或是工業地區的企業，是零件產業等少額投資或出口產業，因此越南政府也沒有附帶條件，能夠接受百分之百的申請許可。而日本的一般投資方法，也有中小企業以百分之百外資進駐的例子出現，不過並不鼓勵這種方法。在合併投資項目中也說明過了，在越南做生意最大的瓶頸就在於土地問題與資金問題，以及與政府之間的折衝業務等。如果沒有越南方面的事業伙伴的話，要解決這些問題就非常困難。原本應該放在生產活動上的能量，卻必須用在解決這些問題上，實在是非常浪費。

對於自己的業務或投資的規模必須要仔細地檢討，要以最適當的投資形態進行有效的投資。

## 4 出口加工區

出口加工區通稱爲ＥＰＺ，是Special Export Processing Zone的簡稱，是指政府直轄的工業區域。ＥＰＺ是配合目的進行出口用商品生產的自由地區（Free Zone），在此與出口有關的企業及提供服務的企業可以進駐此地。

外資法第二條對ＥＰＺ出口加工企業有以下的規定：

**外資法（第二條十四項、十五項）**　十四「出口加工區」是指越南政府所設立、設定特定境界的地區，由單數或多數企業所構成的地區，進行出口用產品的生產以及對於出口業務提供服務的特殊工業地區。

十五「出口加工企業」是指在設置出口加工區營運的企業。

此外，外資法施行令第五十四條規定「關於ＥＰＺ及出口加工企業的諸規定，由政府特別法規定」，而後段則說：「越南政府鼓勵越南方面出資者，以及外國人投資者之間，在EPZ進行與基本建設相關的事業，或者是爲了營運而設立合併企業。」也就是說，進駐出口企業而在EPZ的基本建設事業，例如，供應電力的企業或者是興建港灣的企業等等的投資，是政府所鼓勵的事項。事實上，越南政府以往爲了建設、營運EPZ，許可了六家公司，在六大地區進行開發行爲，但是進展並不是很顯著。在這種現況中，政府反而鼓勵在EPZ地區內進行基本建設事業投資。

EPZ包括現在開發中的事業在內，有①唐特旺、②林丘、③康特、④達南、⑤海防、⑥索克森六地區。已經進駐此處開始工作的只有唐特旺出口加工區而已，其他的EPZ目前還在開發當中。唐特旺出口加工區位於胡志明市中心東南約四公里處，臨西貢港。是由兩家臺灣企業（T&D和Pam Viet Corp）所開發的，進駐企業很多，不過移走的企業也很多。

除了唐特旺以外的EPZ，目前都還在開發中，但是有很多的企業開始準備進駐。不過，確切的進駐時期不得而知。

越南政府在九四年十二月二十八日公布「工業地區規則布告相關政令」，這個政令在九五年一月一日生效。所謂的「工業地區法」的許可一號是「野村海防工業地區」。

越南出口加工區與工業地區

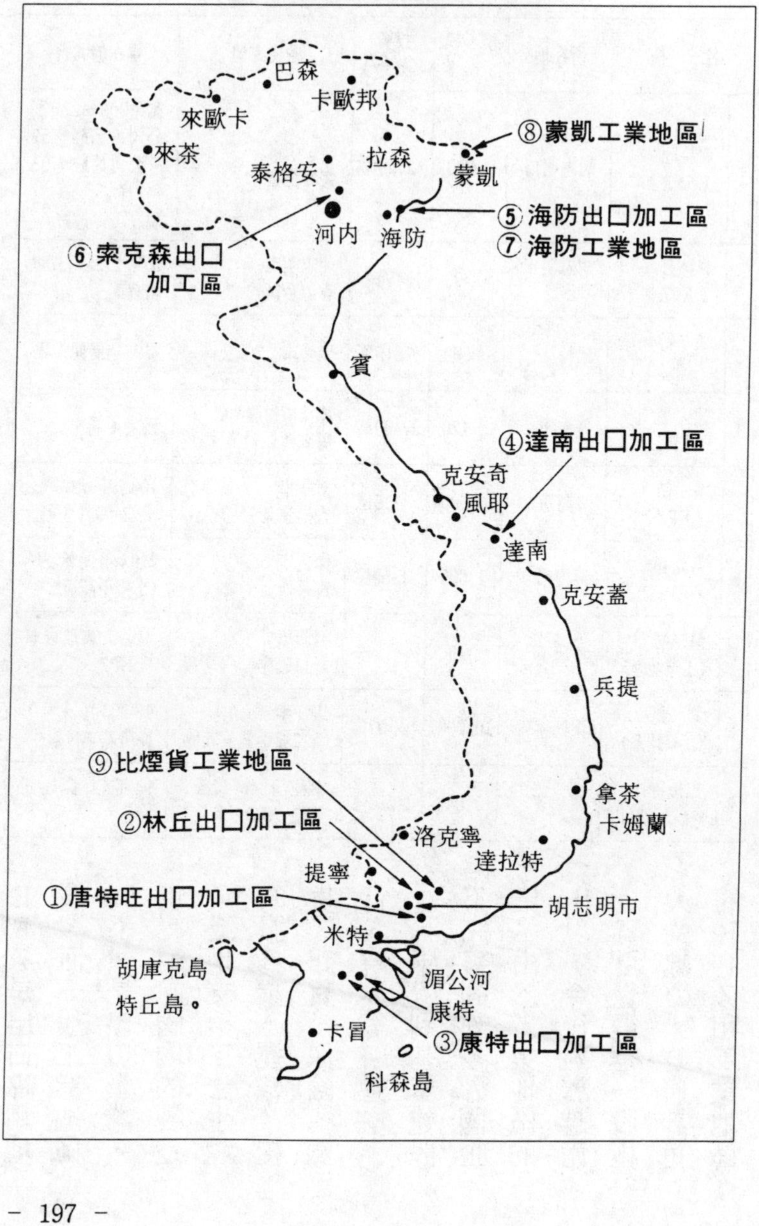

## 表6—9　EPZ（出口加工區）與工業地區

| | 名　稱 | 所在地 | 規　模（ha） | 投資（美元） | 營運主體 | 現在的狀況 |
|---|---|---|---|---|---|---|
| 1 | 唐特旺（EPZ） | 胡志明市 | 300 | 2.58億 | 胡志明市<br>臺灣企業 | 邀請200～250家公司，已經有57家公司進駐（95年2月）<br>現在可以進駐 |
| 2 | 林　丘（EPZ） | 胡志明市 | 90 | 1,400萬 | 胡志明市<br>香港企業 | 50家已經完成進駐登記 |
| 3 | 康　特（EPZ） | 康特 | 500 | 815萬 | 康特市 | 從95年展開工程 |
| 4 | 達　南（EPZ） | 達南市 | 120 | 2,400萬 | 庫汪納姆達南省<br>馬來西亞企業 | 接受申請中 |
| 5 | 海　防（EPZ） | 海防市 | 680 | 1.5億 | 海防市<br>香港企業 | 100家申請中（93年9月） |
| 6 | 索克森（EPZ） | 河內市 | 1,000 | 1.52億 | 河內市<br>馬來西亞企業 | 從94年開始 SC-CI 接受認可 |
| 7 | 海　防(工業地區) | 海防市 | 150 | — | 海防市<br>野村證券 | 預定工業地區併設 EPZ |
| 8 | 蒙　凱(工業地區) | 康汪寧省 | 10,000 | 300萬 | 康汪寧省<br>新加坡企業及其他 | 93年3月許可，從事基本建設中 |
| 9 | 比煙貨(工業地區) | 東南省 | 1,040 | 5.0億 | 泰國、日本、韓國、美國、臺灣企業 | 94年4月開始開發 |

EPZ是出口專用地區，而一般工業地區則不只是出口企業，也有朝向國內的製造業或是支援工業生產的服務業（運輸、提貨、卸貨、保險、銀行、倉庫等）進駐。

感覺到基本建設不完善的許多外國企業，由於工業地區的出現，今後對於越南投資更覺得是一股極大的魅力。政府許可的EPZ和工業地區

**表6—10　EPZ（出口加工區）的主要優惠措施**

| | 優惠項目 | 業種 | EPZ | 一般地區 |
|---|---|---|---|---|
| 1 | 法人稅率 | 製造業<br>服務業 | 10%<br>15% | 10%～25%<br>25% |
| 2 | 法人稅減免期間 | 製造業<br><br>服務業 | 從利益發生年開始免除4年<br>從利益發生年開始免除2年 | 最大者利益發生年開始免除4年没有優惠 |
| 3 | 進出口稅 | | 無稅 | 無優惠 |
| 4 | 海外匯款 | | 5% | 5%～10% |
| 5 | 事業期間 | | 50年 | 可選擇到50年爲止 |
| 6 | 外幣限制 | | 無 | 適用普通的關係法 |

整理如表6－9所示。

在以往，對於越南投資當中的瓶頸就是基本設備不完善，以及土地問題等。在越南，因爲電力極端缺乏，所以大部分地區一週會停電兩次。這個現象以越南南部，尤其以胡志明市周圍特別地多。

停電會陸續恢復，直到現在還是有很多事先通知某一天會停電的情況，因此，有時候在停電的日子休息到星期天再上班。不只是停電而已，電力的品質也很差。因此，目前電子產業或者是電腦產業等不可能進駐越南。

在越南外國人投資瓶頸第二大問題，就是關於土地的問題。越南方面對於投資的土地的評價問題，以及土地租借費的問題、上下水道、產業廢棄物的處理問題等，越南方面出資土地今後需要解決的難題堆積如山。

**表6—11　唐特旺出口加工區進駐條件**

| 項　　目 | 限制、條件 |
|---|---|
| 總投資額的限制 | 製造業的話，爲一百萬美元以上，其中法定資金爲30%以上。 |
| 土地租借限制 | 土地租借限制爲2500㎡以上，租借費一年爲2美元/㎡，租借契約爲50年。（50年租借爲100美元/㎡） |
| 工廠建設的成本 | 當地規格的RC2層樓建築工廠，一般成本爲80～150美元/㎡。 |
| 水費 | 0.3美元/$m^3$ |
| 電費 | 0.08美元/Kwh |
| 公共設施協助金 | 每月0.22美元/㎡，支付10年。<br>上記的土地租用費不包括基本建設的經費在內，因此10年份的協助金相當於基本建設（電氣、上水、排水、倉庫等建設費，警察和消防等建設費）。 |
| 土地租借費支付方法 | 1.契約預約時繳納5%。<br>2.契約預約以後3個月以內申請操業許可，這時支付15%。<br>3.取得操業許可以後30日以內必須締結本契約，這時支付30%。<br>4.締結本契約以後10日以內支付50%。這時交付土地利用許可證，同時得到土地使用權。此外，50%的土地租借費用（正式說法爲土地利用權），也有分期付款的方法。 |

## 表6—12　野村海防集中工業地區進駐條件

| | |
|---|---|
| 投資形態及限制 | 基於「工業地區法」第1號的集中工業地區，若是出口型企業、越南國內販賣企業，或是具有兩種公司機能都可以進駐。①按照契約協助企業，②合併投資，③百分之百外資企業，屬於其中一種都可以。 |
| 土地租用的性格 | 因爲不承認土地所有權，所以只有土地的租借權（土地利用權）。在野村海防工業地區附帶基本建設，可租借50年。 |
| 土地租借的單位 | 1區域的大小爲1公頃可以租借幾區。 |
| 土地的租借費 | ①只取得1區：US＄2.38/m²·年<br>②取得2～4區：US＄2.20/m²·年<br>③取得5區以上：US＄2.10/m²·年 |
| 租借費的支付方法 | 分讓價格，以50年一次付完爲原則，支付方法如下：<br>①簽定臨時契約時付10%<br>②正式發給投資許可證實行契約時付總額的40%<br>③發給建設許可證時付總額的50% |
| 工廠建設與標準工廠 | 原則上各進駐企業建立獨自的工廠。標準工廠則是在野村海防工業地區建設，租給各進駐企業的工廠。標準工廠分爲以下三種形態別來建設：<br>①輕貨重用工廠（適合勞動集約企業）<br>②重貨重用工廠<br>③水產加工用工廠 |
| 道路的整備 | 幹線道路寬30m，一般道路寬20m，設置街路樹和街路燈。 |
| 電費 | 適用外國企業的電費（95年8月）<br>（單位：US＄/Kwh）<br>製造業　服務業<br>20KV 以上　0.07　0.09<br>6KV 以上不到20KV　0.075　0.10<br>不到6KV　0.08　0.11<br>（註）各進駐企業與電力公司直接簽定契約，支付費用 |
| 自來水費 | 適用外國企業的自來水費（95年8月）<br>費用　VND3000/m³（越南盾）<br>（註）各進駐企業與自來水公司直接簽定契約，支付費用 |
| 污水 | 企業用地内設置200Ø 的污水排水管，由進駐企業負擔污水排水工程、連接管線工程。<br>連接部分由進駐企業負責設置樣本。已設污水排水管以後的污水排水設施的維持管理，由進駐企業負責進行。 |

所以，如果在ＥＰＺ或者是工業地區有適當場所的話，一般投資企業以往視爲瓶頸問題的基本建設或者是土地問題等問題，都可以解決。相信今後將會有許多公司進駐ＥＰＺ或工業地區了。

ＥＰＺ申請許可作業最近加快了許多。通常申請大概三個月後才會許可，不過快的話也許一個月內就可獲得許可了。因爲申請窗口以及申請手續都簡便化的緣故。此外，在ＥＰＺ和工業地區最大的特徵就是大多是百分之百外資企業的進駐。

開始進駐ＥＰＺ從事企業活動之後，進駐企業得到租稅的優惠措施及各種優惠制度。像法人稅或進出口稅（因爲是Free Zone，所以是理所當然的事情）、海外匯款稅以及外幣制度等都有很多的優惠措施。關於ＥＰＺ的主要優惠措施與一般地區的比較，如表6－10所示。

ＥＰＺ具有這些優點，因此相信今後的進駐企業將會增加。表6－11簡單地叙述代表性的ＥＰＺ唐特旺的進駐條件，而表6－12則是叙述代表性的工業地區野村海防的進駐條件。

## 5　BOT方式

ＢＯＴ契約是Build Operation Transfer 契約的簡稱。通常稱爲ＢＯＴ。是指建設、營運、讓渡契約。ＢＯＴ契約是爲了進行橋樑、道路、港灣、機場、發電廠、給水廠、產業廢棄物廠等基本建設，而由外國投資企業與越南國家機構之間所締結的契約。

外資法第二條第十六項中，對於ＢＯＴ有以下的規定。

**外資法〔第二條十六項〕**　「建設、營運、讓渡契約」是指外國企業、個人與擁有權限的越南國家機構之間簽定的文書，建設社會基礎事業或在一定的期間營運其事業，到了期限終了時，外國企業或是個人必須將事業無條件轉讓給越南政府的契約。

此外，外資法施行令第五十五條、第五十六條、第五十七條對於ＢＯＴ的運用有以下的規定。

**外資法施行令〔第五十五條〕**　建設、營運、讓渡（ＢＯＴ）契約是指爲了建設橋樑、道路、港灣、機場、發電廠等基本建設，由投資家與政府當局之間締結的協定。ＢＯＴ契約使用百分之百外國資本，或者是由越南政府及越南組織、個人都是由一家公司出資、結合的資本。投資家在授權期間內建設基本設備，進行營運，回收投下的資本，確保適當的利益之後，無條件讓渡給越南政府。

**外資法施行令（第五十六條）**　一九九二年十二月二十三日的外國投資法的BOT契約相關規定，有與本施行令不同的法令制定。

**外資法施行令（第五十七條）**　BOT契約在國家協助委員會的投資許可發行日生效。

外資法以及外資法施行令規定的特徵，就是BOT契約並沒有其他的進駐形態。而是由政府當局或是由政府的特定機構，成爲越南方面的當事者登場。

第二點就是BOT的事業主體，首先要①進行基本建設，②營運其事業得到適當利益之後，③將這些設備及建築物免費讓渡政府，是採用上述的投資形態。所以，有時在五十年到七十年的事業營運之後，將免費讓渡給政府。

利用BOT契約進駐的形態，除了先前敘述的基本建設以外，還有都市開發、休閒區開發、工業地區建設、EPZ建設、肥料工廠建設以及醫院建設等等。

BOT契約成爲基本建設的關鍵，因此，政府對於BOT契約給與以下的優惠措施。這個優惠措施在九三年十一月所公布的「關於BOT契約方式投資規定法令」中加以規定。

①對所有的收益收取法人稅率十%，最初得到利益的一年開始四年內免稅，接下

來的四年減稅五十%。

②關於利益的海外匯款泉源課稅稅率減輕爲五%（通常爲十%）。

③依據特定的計劃或政府的判斷，適用或減免營業稅的最惠稅率。

④對於BOT事業對象的進口免除進口稅。

⑤如果得到越南銀行的承認，BOT企業可在外國的金融機構開設戶頭，進行資金的借入與償還。

⑥BOT企業在操業期間所得到的收益，可從越南貨幣盾轉換爲外幣。

⑦土地使用費的免除等。

這個BOT企業按照九二年十二月的外資法修正條款，成爲新追加的投資形態。因此，到目前爲止並沒有任何的日本企業採用這種方式進駐越南。

利用BOT契約的事業，其事業內容必須長期投資較大的資本，的確契約期間較長的話，能夠確保一般的利益，但是期間太長是否能夠按照當時基於雙方信賴關係，而建立的方式繼續發展下去呢？這一點令人擔心。再加上時代轉換的腳步非常地快速，很難掌握瞬息萬變的時代潮流。

在這種時代潮流當中，長期的大型投資對於投資家而言應該如何掌握呢？這一點將

## 表6—13　BOT 事業計劃

| No. | 計劃名 | 場所 | 期間 | 備考 |
|---|---|---|---|---|
| | （能源部事業） | | | |
| 1 | 歐蒙火力發電廠 | 康特省 | 1995～1996 | 200MW、渦輪機3座、13億 KW·h/年 |
| 2 | 庫汪寧火力發電廠 | 庫汪寧省 | 1995～1996 | 1200MW、渦輪機4座、60\|70億 KW·h/年 |
| 3 | 布雷克隆火力發電廠 | 空特姆省 | 1996～1999 | 120MW、渦輪機2座、5億2300萬 KW·h/年 |
| 4 | 邦曼水力發電廠 | 凱旺省 | 1996～1999 | 360MW、渦輪機3\|4座、17億 KW·h/年 |
| | （交通運輸部事業） | | | |
| 5 | 西貢—隆塔因—本陶國道 | 胡志明市 | 1994～1998 | 80km長，4～6車線道路 |
| 6 | 特提恩姆橋 | 胡志明市 | 1994～1998 | 1000m 長，6線道，可航行1萬噸級船舶 |
| 7 | 康特橋 | 康特省 | 1996～2000 | 2000m，6線道，可航行5000噸級船舶 |
| 8 | 國道10號線賓橋 | 海防省 | 1995～1999 | |
| 9 | 國道18A 號線拜丘橋 | 庫汪寧省 | 1995～1999 | |
| | （建設部事業） | | | |
| 10 | 國道51號沿線工業的給水系統 | 巴里亞本陶省 | 1995～1998<br>1995～1998 | 日量42萬$m^3$<br>1億5300萬$m^3$/年 |
| 11 | 達南給水系統 | 達南市 | 1995～1998 | 日量6萬$m^3$ |
| 12 | 5市的水處理與肥料工廠 | 5市 | 1995～1998 | 水處理能力 396,000t/年<br>肥料生產能力 99,000t/年 |
| | 細目： | 河內市<br>海防市 | 1995～1998 | 排水處理 84,000t/年<br>肥料生產 21,000t/年 |
| | | 夫耶市 | 1995～1998 | 排水處理 50,000t/年<br>肥料生產 12,500t/年 |
| | | 夫耶市 | 1995～1998 | 排水處理 12,000t/年<br>肥料生產 3,000t/年 |
| | | 達南市 | 1995～1998 | 排水處理 50,000t/年<br>肥料生產 12,500t/年 |
| | | 胡志明市 | 1995～1998 | 排水處理 200,000t/年<br>肥料生產 50,000t/年<br>肥料生產 50,000t/年 |

出處：國家協助投資委員會（SCCI）

是今後面臨的一大問題點。表6—13是九五年SCCI所發表的BOT事業計劃。越南政府殷切地希望外國的投資企業能夠參加這些事業。

## 6 委託加工

委託加工是越南方面提供製品加工所需的資材和零件等，利用越南的勞工（廉價勞工）與設備，主要生產外國品牌商品（OEM生產）的系統。

對於資本、技術、生產設備的開發中國家而言，爲了促進雇用、獲得外幣、學習技術的目的，而採用這種形態。

嚴格說起來，委託加工系統是貿易，與投資不同，但是與海外進駐的廣泛意義來看，也算是一種投資形態。

現在在越南的委託加工貿易，在蝦、花枝等水產加工品和纖維製品（禮服、滑雪裝、女性內衣等）方面非常盛行，與我國的貿易量和金額數量每年延伸。

爲了提升技術，將機械等提供委託客戶生產OEM商品，而其貸款（一部分）則以製品回收，利用補償貿易進行的交易最近增多了。將機械或者是布匹帶到越南，縫製之後再輸出到外國的纖維製品，由於越南的廉價勞工、按期交貨、製品精良，因此深獲好評。

今後預料到的問題，則是由於委託的客戶並不多，所以希望外國的委託加工者增加。結果，工資就會上升，對外國而言，會導致利益的降低。

委託加工是由日本企業提供機械、設計或生產技術等，而如果將其視爲是一種投資的話，則必須明確訂出權利和義務做成契約書，才能開始經營事業，所以這也算是〈利用契約協助事業〉的投資形態。

在越南生產技術或是高科技、高度設計等都是投資項目，有些也可以換算成金額，當成投資金。

〈委託加工貿易〉與〈利用契約協助事業〉，儘管方法論和責任體制不同，但今後相信使用〈利用契約協助事業〉而進駐的事業會增加。

## 三 越南投資的留意事項

檢討過進駐越南的特徵、形態，除此之外，大家必須留意的問題有幾項。將這些問題簡單叙述如下：

## 1　駐在員事務所

一九九〇年十一月五日公布的『關於外國企業駐在員事務所規則』，其第一條規定『與越南企業有關的所有外國企業及個人，在容許範圍內，爲了追求經濟的目的，遵照本規定得在越南設置駐在員事務所』，而第二條則是規定了駐在員事務所的事業範圍。

①經濟性事業、投資事業、觀光事業、科學範圍內的事業，以及與這些計劃有關的與越南當事者互助合作的事業。

②按照越南的法律，與越南企業當局締結長期交易契約者，包括觀光、服務的契約及投資、經濟、科學、技術的協助範圍等契約在內。

但是，不可以進行由在外越南人進行外幣匯款的相關服務，或者是出口用商品的購入，以及在越南銷售進口商品等等（爲了申請合併事業，進行事前調查等的業務則另當別論）。

在此必須注意，就是駐在員事務所完全不能進行任何的營業行爲，如果超過駐在員事務所的事業範圍而進行營業行爲，則可能會接到必須要徵收稅或是關閉事務所的通知，一定要注意這一點。

最近隨著越南旋風，日本企業的駐在員在日本的大衆傳播媒體上登場的機會增多了。但是，經由攝影機拍出他們每天的活動，發現幾乎都已經超過駐在員事務所的範圍。他們成爲被派遣到第一線的企業戰士，甚至在接受訪問時他們也以此爲傲。但是，首先必須注意的就是，絕對不能超過業務的範圍。

以往進駐越南時，其窗口是SCCI。但是，駐在員事務所的生產窗口不是SCCI，而是商業部。進行設立申請的外國人當事者必須對商業部以及預定設置的省、市等人民委員會，提出申請書及必要的附帶文件。這時的申請書要使用商業部的規定用紙，一份越南文的文件、一份英文等外文的越南許可文件，共計兩份，向商業部（或者是代理人民委員會窗口）提出。

商業部參考人民委員會、相關機構的意見進行審查，從接受申請書之日開始六十天內通知其決定，而許可證的有效期間從交付日開始不超過三年。

外國當事者從領到許可證之日開始六十天內，要向駐在員事務所所在的人民委員會進行事業登記，必須提出就業駐在員及當地雇用者的經歷。

因此，部的人民委員會在受理登記後的十五天內，對於駐在員事務所交付商業部所發行的登記證書，從這時候開始，駐在員事務所正式成立。

其次，關於在駐在員事務所的終了方面，在以下的情況下視爲終了。

①許可證期滿終了。

②外國當事者申請操業終了時。

③商業部判斷駐在員事務所違反了許可證的條件（商業部在三十天前以文書通知）。

駐在員事務所接到商業部發出的駐在事務所操業停止通知開始的六十天內，必須要撤退，同時要支付所有的負債。如果日本企業的駐在員事務所頻頻活動，超過事業範圍，被視爲違反條件時，有時就不得不關閉。因此，必須要充分注意。

## 2　越南商工會議所

越南商工會議所是政府機構。可能有的人認爲與日本商工會議所相似，但是越南商工會議所是政府爲了強化、促進越南以及諸國外的經濟、貿易等，而獨立出來的政府機構之一。

越南商工會議所通稱爲VIETCOCHAMBER（不過一般人只認爲它是越南的商工會議所，不知道它是政府機構）。

根據越南商工會議所的資料顯示，其業務非常地多：

①越南經濟與貿易相關情報的蒐集及相關法規等的廣告、出版。

②與越南企業有關的外國貿易、投資相關國際法規、科學技術、市場情報蒐集及與相關諸機構進行業務協談。

③與內外事業伙伴之間就經濟、技術方面，進行檢討或舉辦座談會等。協助內外的展覽會、其他宣傳事宜等的舉辦或參加。

④發行越南出口產品原產地證明。

⑤代辦內外的專利申請、商標登記、工業所有權保護相關手續。

⑥蒐集會員諸企業的希望，向政府提出申請。

⑦會議的派遣及接受。同時，也可以代辦出入國許可手續、製作時間表、安排翻譯、車輛、預定飯店等服務。

以上的業務，原則上是免費進行的。但是，會議所的營運費光靠會費是沒有辦法支撐的，因此關於前記業務、相關事項會費徵收費用及服務費。

隨著九三年四月組織改革，新定款規定許可加入的外國企業等會員數爲八百家，其中八十五％還是國、公營企業。今後的課題將是要促進民間企業的加入，培養中小企業。越南商工會議所的本部在河內市，而現在的分部在胡志明市以及達南市都有。

此外，在赤坂也開設東京事務所。在東京事務所可以利用日文，提出專利或者是實用新案、商標專利等的登記，因此有很多企業利用。

越南的專利法在九〇年法制化，與日本及歐洲同樣的，先提出者享有權利，是採用這種先願主義。為了促進市場經濟化，因此希望加速導入來自各國的技術，專利局和商工會議所通力合作，急於調整國際性開放的專利環境。設計登記也允許無審查登記。但是，事實上處理申請事務的只限於越南的律師。商工會議所專利部接受的專利申請，必須以越南文向專利局提出申請，因此審查業務容易停滯。科學技術環境部發表（九四年）專利權、商標、設計令之後，專利申請達到一萬件。而日本提出的幾乎都是商標登記。八一年以後的登記總數為一千三百件。

## 3　投資顧問公司

在越南投資時，首先的困難就是當地調查及製作文件，與當地政府機構的交涉業務。越南政府的組織特徵，就是縱向行政。

因此，橫向的行政調整不良，文件的審查需要花較多的時間。文件審查是由ＳＣＣ

I窗口接受，SCCI要檢查這些申請文件是否按照規定的格式提出申請，然後再由所轄的部廳進行檢查。所轄的政府機構非常地多，因此進行這項調整需要花較長的時間，甚至有很多例子是申請的文件一直無法通過。這可以說是在越南投資的一大瓶頸。

鑑於以上的實情，越南政府由各部廳建立支援體制，成立進行投資協談的投資顧問公司。

到九四年末，輕工業局和商業部所支援的服務公司有七家，未來還會新成立幾家。九四年末活動的七家公司如下：

①FISCO（商業部傘下）
②INFISCO（輕工業局傘下）
③INVESTCONSULT（國家科學院傘下，尤其與專利有關）
④INVESTIP（科學技術環境局傘下）
⑤IMC（胡志明市傘下）
⑥INVESTCON（溫陶．康陶局前經濟特區傘下）
⑦FORINCONS（重工業局傘下）

其次來探討投資顧問公司的業務內容，以及費用等。一般而言，投資顧問公司（前記七家公司)基於「投資顧問服務相關規定」，規定其業務及費用。

根據「投資顧問服務相關規定」：

①　契約書的做成、定款作成、F/S調查與調查文件的作成、投資許可申請書作成，到取得許可證爲止，與政府之間的交涉業務：總投資額的○·三%(或最低的顧問費爲五百美元)。

②　每次部分進行上述作業時，由雙方交涉決定。

③　除了上述的作業以外，也進行以下業務：(a)介紹越南方面的事業伙伴、(b)代理向SCCI或其他相關部廳的申請業務、(c)代理與投資有關的進出口業務、(d)翻譯業務、(e)通譯業務、(f)與投資有關的情報等的提供。而費用則由雙方互相洽談。

政府機構所支持的投資顧問公司非常忙碌，但是因此而草率進行商業活動的不良企業也很多。所以，並沒有提供正確情報，也沒有給與正確投資建議，可是卻不當收取高額費用的投資顧問公司很多。

這些不良的投資顧問公司，甚至與特定的工業地區或是EPZ勾結，進行企業進駐的斡旋。

越南的EPZ和工業地區因爲在開發中或是休眠中，還有很多地區是企業無法立刻進駐的。所以，一定要得到正確情報，以免造成錯誤。一定要充分注意這一點。

## 4　考慮在越南投資的四個重點

### 重點1　要看清與越南之間的差距

考慮要進駐越南時，首先必須注意的就是越南與我國之間的差距。國情、文化、風俗習慣、國民的習慣、思考方式都不同。

回顧越南的歷史，越南有「小中國」之稱，長時期在中國的統治之下，後來成爲法國殖民地，又被日本佔領。美國也曾經統治過其一半的國土，而且曾與世界最強的美軍作戰。所以，恐怕世界上的強大國家從來沒有如越南般的遭遇吧！

越南人的自立心與獨立心非常地強，就是起因於越南的歷史。

由於越南成爲很多外國企業的生產基地，同時也是一大消費市場，的確是深具魅力的國家。但是，擁有這種歷史的國家如果以日本的標準來判斷的話，就會非常地危險。

不論是國民性方面，或是以我們的常識沒有辦法去瞭解的血緣、地緣關係極強。而且還擁有世界上無以倫比的特性不同的兩大都市（河內和胡志明市）的國家，而且，自尊心極強，團結力和結束力強硬的國民性，因此，沒有辦法以我國的基準來加以衡量。所以，在越南做生意的話，一定要擁有越南的標準，這一點最重要。

**重點2　越南是人治國家**

越南不是法治國家，而是人治國家。地緣、血緣超出我們的想像，非常地強大。在越南想要做生意時，鞏固人心、掌握人脈非常地重要。要建立好的人脈，不僅企業容易進駐，同時也可以縮短時間和資金。

越南現在加速進行投資制度的外形改善，但是細部法令的不完善、制度的變更及行政處理的不成熟等等，也會出現依條文解釋的不同，而導致利益受損的情形。這意味著法律不完善，官僚的裁量權較大。

因此，如果擁有好的人脈，對於投資家有利，而且能夠藉著適當的價格成立交涉。但是，越南現在正以極快的速度摸索蛻變為法治國家。

**重點3　投資時最好採用合併企業**

發現好的人脈，是在越南建立企業的捷徑。關於這一點，不要執著於百分之百的進駐，最好採用合併投資。與其單獨出資進駐越南，在越南當地受到很大的活動限制，還不如採用合併投資。此外，越南外資法規定百分之百投資，將來有可能會轉換爲合併公司。

如果想得到政府或當地人民委員會的協助，或者是與從業員之間進行業務上的交涉時，當然需要當地的信賴。所以，不要執著於百分之百的投資，一開始考慮以合併投資的方法進駐越南較好（但是。進駐EPZ則以使用百分之百投資較好）。

先前也敘述過，在越南的投資形態有六大形態。較不爲人知的就是「利用契約協助事業」的投資形態，一定要仔細調查，也具有極大的投資優點。好好學習六種形態的優缺點，配合投資企業的事業目的和投資企業的實際情況，來摸索投資的形態較好。

## 重點4　要認識血緣和地緣的強韌性

在越南，血緣和地緣非常重要。越南的地緣就是如果知道是出身於同樣出生地或是親兄弟的話，雙方的關係非常密切，以這種認識關係爲基本。在戰亂和貧困當中，即使是他人也能產生安心感的出身於同一地方的人，或者是好像親兄弟般的好朋友，會互相依賴生存。

就算與地緣沒有直接關係，可是由同志意識而產生的連帶感也備受重視。在同一地區進行抗法運動，或是參加抗美運動，具有共同鬥爭意識，而產生一種同志的連帶意識。這個連帶意識可以說是只有越南才有的一種特異地緣關係。地緣和血緣強韌的社會，會形成的理由之一就是越南的科舉制度。

在地域當中或血緣當中，如果科舉的考試及格，成功者就能保護其地區或者是與其有血緣關係的人。因此，如果在某一地區或是血族中有優秀者出現的話，爲了培養這個年輕人，會徹底支持、協助他通過科舉考試。

由於有這種歷史性社會構造，更加強了地緣和血緣的繫絆。所以，在考慮越南社會時，不要忘記這個地緣和血緣是脈脈相傳的。

## 5　投資的手續

在越南投資最後的問題就是，實務的投資手續。在這一項方面，簡單地列表爲各位說明。

外國投資家想要在越南投資時，依投資形態的不同，所需要的文件也不同。ＢＯＴ

契約、EPZ為特殊申請形態，因此跟一般的投資形態（事業協助、合併、百分之百）到事業開始之前要整理的必要文件，如表6－14所示。

一　申請書附帶文書

①、合併契約書

②、合併企業的定款

③、合併當事者的法定資格以及證明財政狀況的文書

④、合併契約的技術、經濟說明書（F/S）

二　合併契約書的主要內容

①、合併當事者的國籍、住址、代表者姓名

②、合併企業的名稱、所在地、事業內容

③、投資總額、法定資金、出資金支付的形態與時期、建設開始時期、資金轉讓的條件與手續。

④、事業所需的機械、設備、原材料、販賣製品的價格及市場、越南貨幣與外資的比例。如果是生產進口代替品的話，則要求明記特殊的支付方法。

⑤、事業存續期間、合併企業的終了、解散

**表6—14　到事業開始爲止所需要的主要文件**

| 作成文件 | 事業協助 | 合併事業 | 百分之百外資企業 |
|---|---|---|---|
| 1.申請書 | ○ | ○ | ○ |
| 2.契約書 | ○ | ○ | × |
| 3.定款 | × | ○ | ○ |
| 4.調查報告 | ○ | ○ | ○ |
| 5.當事者的登記簿謄本 | ○ | ○ | ○ |
| 6.同上過去3年內的財務諸表 | × | ○ | ○ |
| 7.相關省廳的意見書 | ○ | ○ | ○ |
| 8.地區的人民委員會的意見書 | ○ | ○ | ○ |

⑥、紛爭處理順序
⑦、關於事業營運的責任分擔
⑧、契約生效時期

三　合併企業的定款

①、合併當事者的國籍、住址、代表者姓名
②、合併事業的名稱、所在地、事業內容
③、投資總額、法定資金、出資比率、支付時期
④、董事會的編成、人數、機能、職務權限與就任期間、社長、副社長
⑤、法定、調停機構、對於國家機構的代表者
⑥、財務、會計、經理處理原則、合併企業的資產付保
⑦、稅金、損金的分配率
⑧、事業期間、事業的終了解散
⑨、勞資關係
⑩、經營幹部、技術者、專門職員、從業員的教育訓練

⑪、關於定款變更的順序

（越南方面的當事者）

外國組織（包括個人）出資的企業，所指的越南方面當事者是指在所有經濟範圍的企業（包括以下情況在內）：

・國有企業（中央政府直營的所謂國營企業與地方省廳等的公營企業）

・合作社（上記各企業或政府各省的企業、其他的組織團體）

・基於一九九〇年十二月二十一日的公司法（Low on Companies）所設立的企業——有限公司與股份有限公司。

・基於一九九〇年十二月二十一日的私有企業法（Low on Private Enterprises）所設立的私有企業——小規模的個人或家族經營企業。

此外，越南政府的行政機構除外，但如果是BOT方式的契約的話，則越南政府機構就是契約當事者。

如果想要瞭解外國人投資企業提出投資申請時，文件是以何種管道流通的話，可以參考投資程序流程圖。

投資程序流程圖（1）

〔合併企業的情形〕

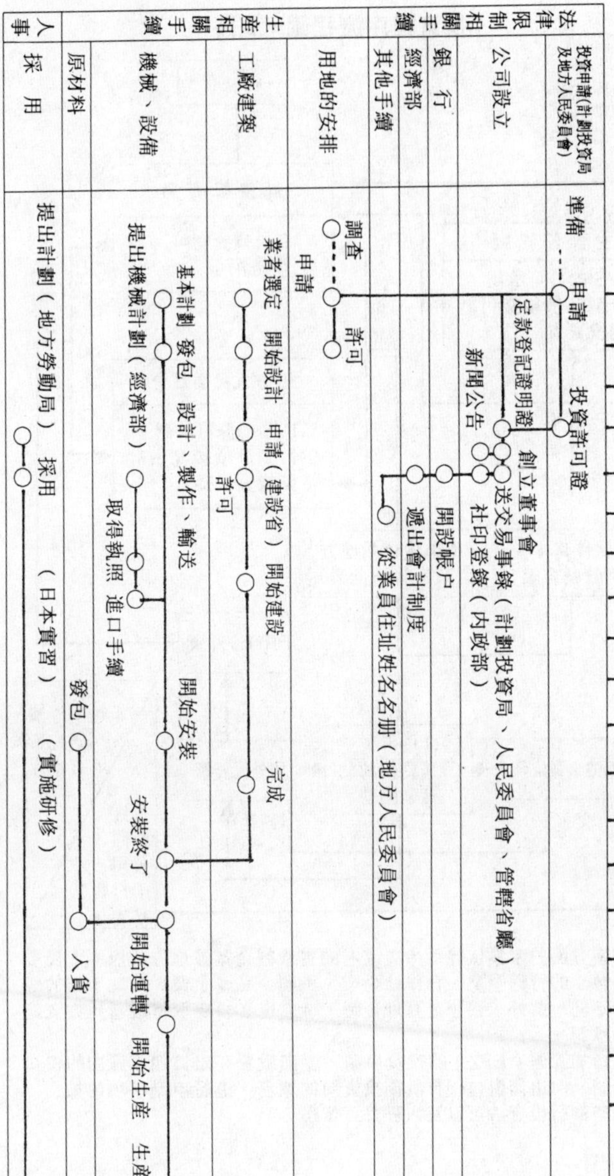
法律限制相關手續
投資申請(計劃投資局及地方人民委員會)
公司設立
銀行
經濟部
其他手續
用地的安排
生產相關手續
工廠建築
機械、設備
原材料
人事
採用
準備
開始
1
2
3
4
5
6
7
8
9
10
11
12
13
14
15
16
17
18(個月)
申請
投資許可證
定款登記證明書
新聞公告
創立董事會
送交易事錄（計劃投資局、人民委員會、管轄省廳）
社印登錄（內政部）
開設帳户
遞出會計制度
從業員住址姓名名册（地方人民委員會）
調查
申請
許可
業者選定
開始設計
申請（建設省）
許可
開始建設
完成
基本計劃
發包
設計、製作、輸送
開始安裝
安裝終了
開始運轉
開始生產
生產
提出機械計劃（經濟部）
取得執照
進口手續
發包
入貨
提出計劃（地方勞動局）
採用
（日本實習）
（實施研修）

**投資程序流程圖（2）**

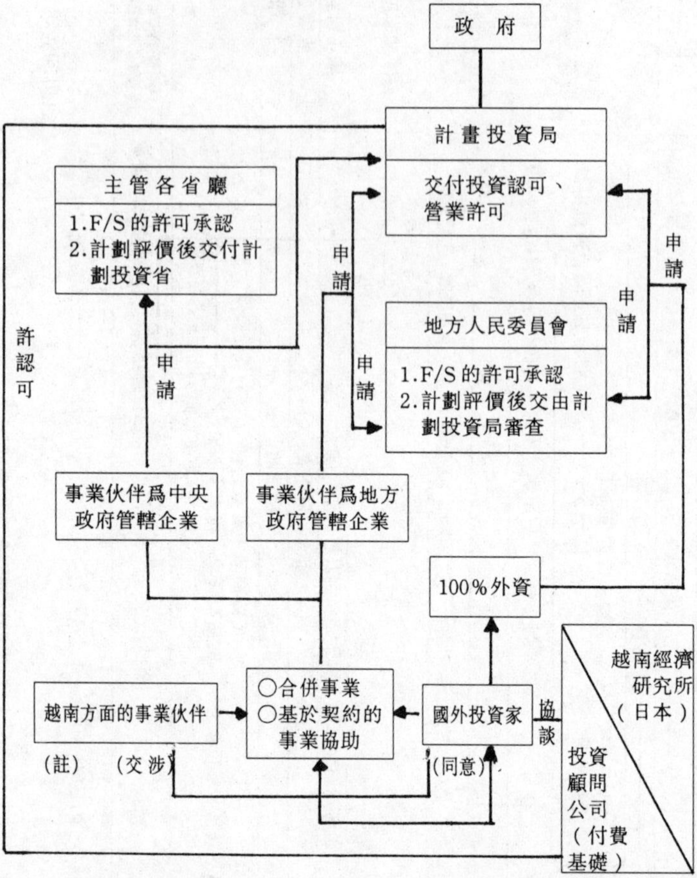


（註1）越南方面的事業伙伴爲中央政府的省管轄企業或地方政府（人民委員會）的管轄企業、合作社企業、民間、私營企業，因此手續的經營不同。此外，百分之百外資時，事前也必須要取得設營地方政府的承認。

（註2）出口加工區（EPZ）的投資申請，要向設置在出口加工區內的窗口申請。而這個窗口代行計劃投資局的業務，進行申請事項的檢討，同時進行投資許可以及入駐許可業務。

# 第七章 越南的貿易

胡志明市的蝦加工工廠，幾乎都出口到日本。

## 一　越南貿易的特徵

越南商業部所發表的越南貿易量（進出口合計）的統計顯示，八八年為三十八億美元、八九年為四十五億美元、九〇年為五十二億美元、九一年為四十三億美元、九二年為四十九億美元、九三年為六十一億美元、九四年為八十六億美元。越南的貿易統計到九〇年為止，是使用盧布/盾為單位，因此不能當做一個正確的基準來使用。

刷新政策開始以後，還是持續接受來自舊蘇聯的經濟援助。對蘇貿易每年都產生貿易赤字，以往都是以有償援助來處理。蘇越貿易的赤字，八六年為十一億盧布、八七年為十四億盧布、八八年為十四億盧布、八九年為十億盧布、九〇年為三億盧布。

蘇聯對越南的國家建設發揮了重要的支援作用。不只是舊蘇聯，與東歐諸國的貿易很多。而貿易量當中，盧布經濟圈的比重較大，這也是越南的一大特色。在一九八九年到九四年為止，進出口實績整理如表7－1所示。

看這個表就可以瞭解到，貿易量逐年增加，尤其出口量逐年成長。這裡值得一提的就是，九二年貿易收支轉為順差。

**表7—1　進出口實績**

| 年別<br>項目 | 1989 | 1990 | 1991 | 1992 | 1993 | 1994 |
|---|---|---|---|---|---|---|
| 出　　口(億美元) | 19 | 24 | 20 | 25 | 30 | 36 |
| 進　　口(億美元) | 26 | 28 | 23 | 24 | 31 | 50 |
| 貿易收支(億美元) | ▲7 | ▲4 | ▲3 | 0.8 | ▲1 | ▲14 |
| 經常收支(億美元) | ▲5.9 | ▲2.6 | ▲1.3 | ▲0.1 | ▲8.7 | N.A |

出處：越南商業部

九二年的貿易順差爲八千萬美元，不過這個順差可說是建國以來頭一次發生的事情，因此，具有重大的意義。使大家再認識到刷新政策的正當性。

但是，不可以因爲這個順差而感到高興。過度依賴石油是頭痛的根源。越南出口擴大，以項目別來看，石油佔了極大的比重，對石油的依賴極大。與其說是依賴很大，還不如說是過度依賴。對越南而言，這是特別值得一提的特徵，因此石油可說是越南的命脈。

石油的最大出口國是日本。這也意味著今後的日越關係具重大的意義。看九三年的實績可以發現，日本金額基礎中進口五・三億美元的原油。越南的出口總額爲二十九・九億美元。而越南總出口的十八％是銷往日本的原油。此外，對日出口的總額爲十・七億美元，因此對日本的出口佔總出口的三十六％。

根據九四年的實績，原油的進口爲五・五億美元，而對日本的出口總額爲十三・五億美元，所以原油對日出口爲對日出口總額的四一％。

以往的經濟學告訴我們，「開發經濟必須依賴外國部門而發展」。也就是說，打算發展的國家或地區，必須保持與外國經濟的良好關係而成長。

具體想想，與外國的貿易來自外國的投資、來自外國的援助都能夠加以接受，當然就能夠促進發展。出口是「國外製品的海外市場的擴大以及獲得外幣」，而進口則是「藉著導入原料和資本財，而使得國內市場穩定及活性化」，而援助則是「形成建國的基礎」等等，各自具有不同作用。

現在越南的刷新政策能夠順利地發揮機能，就是因爲貿易、外資導入、援助等都能平衡發揮機能所致。

越南對外貿易在社會主義體制之下，完全由政府掌控，而開始對外貿易。越南型的貿易體系當中，經過許多迂迴曲折的道路直到今日。而這個貿易交易在九二年轉換爲順差，對於刷新政策的推進也有極大的貢獻。以下，簡單地檢證一下越南貿易構造的特徵及體質。

## ◎貿易構造的特徵

越南自一九七六年統一以來，一直仰賴蘇聯政治、經濟的支援。這種狀態一直持續到刷新政策開始的八六年爲止。

八七年以後，一部分華僑資本開始流入，像臺灣、新加坡等成爲貿易交易的對象國登場。但是，越南經濟的基本還是依賴舊蘇聯。

在這種背景中蘇聯瓦解，後來越南的政策不得不進行大轉換。所幸在這個時候，越南也導入了刷新政策，摸索轉換爲市場經濟體制，因此，西方諸國容易接近越南，而越南也容易與西方諸國接近。

這個現象始於一九九〇年，但是，決定的轉換現象發生在九一年。首先，探討關於出口市場方面。

以往越南的出口全都依賴舊蘇聯，但是，九〇年的依賴度爲三十八%、九一年減少爲十%。根據東方諸國的合計數字來看，從九〇年的四十一%急速減少到九一年的十%（表7―2）。

其次，關於進口市場方面，也出現同樣的現象（表7―3）。

來自東側諸國的進口，從九〇年的五十%到九一年銳減爲十五%，連舊蘇聯以往居於首位的實績，都被新加坡所取代。這是因爲越南精製石油的依賴轉換到新加坡所致。

由此可知，在越南的貿易市場當中，一九九一年是重大轉換年。也就是說，越南貿

**表7—2　五大出口國的演變**

| | 1990年 | | 1991年 | |
|---|---|---|---|---|
| | 國名 | 構成比 | 國名 | 構成比 |
| 1 | 舊蘇聯 | 38（%） | 日　本 | 35（%） |
| 2 | 日　本 | 14（%） | 舊蘇聯 | 10（%） |
| 3 | 香　港 | 10（%） | 香　港 | 10（%） |
| 4 | 新加坡 | 8（%） | 新加坡 | 8（%） |
| 5 | 菲律賓 | 2（%） | 泰　國 | 3（%） |

［東方諸國的合計…41%⇨東方諸國…10%
西方諸國的合計…59%⇨西方諸國…90%］

**表7—3　五大進口國的演變**

| | 1990年 | | 1991年 | |
|---|---|---|---|---|
| | 國名 | 構成比 | 國名 | 構成比 |
| 1 | 舊蘇聯 | 44（%） | 新加坡 | 29（%） |
| 2 | 新加坡 | 18（%） | 舊蘇聯 | 15（%） |
| 3 | 香　港 | 7（%） | 香　港 | 8（%） |
| 4 | 日　本 | 6（%） | 日　本 | 7（%） |
| 5 | 法　國 | 4（%） | 法　國 | 6（%） |

［東方諸國的合計…50%⇨東方諸國…15%
西方諸國的合計…50%⇨西方諸國…85%］

易構造的第一特徵，已經從依賴舊蘇聯開始蛻變了。

其次，簡單整理敘述一下進出口的各自特徵。

### ◎出口的特徵

分析越南的商品別出口構造，首先會發現越南的出口全都是石油、水產物、米、水果、咖啡、茶、橡膠、煤等一次產品。

政府今後將要促進工業化，依序實現出口附加價值商品的理想。

出口的第二特徵，就是將出口國轉換爲亞洲諸國。

越南十大出口市場，除了舊蘇聯、德國以外，全都是亞洲諸國。包括日本、香港、新加坡、泰國、韓國、臺灣、印尼、馬來西亞等國。其中，韓國的躍進將是今後注意的焦點。可以說是完全脫離了依賴舊蘇聯的形態。

## ◎進口的特徵

越南與中國、寮國、柬埔寨的國境交接。越過這些國境的走私品非常多。此外，來自泰國、馬來西亞的走私品也很多。這可以說是越南進口構造的第一特徵。

第二特徵就是從依賴舊蘇聯的體質完全蛻變。這也和出口構造特徵一致。以石油精製基地新加坡爲主，加深了與香港、日本、韓國、印尼、臺灣、印度等亞洲諸國的交流。

第三個特徵是進口商品主要爲原材料、燃料以及耐久消費財。尤其是汽車、電視、機車以及其他電氣製品等大量進口，這些現象在政府部內形成很大的議論。也是今後必須充分討論的問題。

必須促進石油精製計劃的建設、電力的開發或道路、港灣的設施等基本建設。同時，傾注全力培養勞動集約產業、輕工業產業等，也是政府的意向。接著希望逐漸轉換為零件產業、組裝產業、電氣電子產業等附加價值產業。

對於今後越南的建國而言，這些都是必須加速進行的事情。對於建國而言，必須依序進行國民生活的穩定、產業構造的改革。當然，貿易構造也會隨著時代的進展而逐漸改革。希望那一天很快就會到來。越南的熱氣可能會加速改革的腳步吧！

## 二　越南貿易的歷史

越南的貿易制度完全是由政府統治進行的。以年代別來探討其特徵，分為以下三個階段。

〔一九七六—八〇年〕

越戰勝利、南北統一之後的七六年—八〇年為止，可說是典型社會主義體制的初步階段時代。這個時期，越南所有的進出口活動，都是由外國貿易部來負責。貿易業務全都是由直屬外國貿易部的進出口國營公社來營運。

原則上是一業種一公社，因此公社數推測大約有四十家。

這個時期生產出口商品的國營企業，由各業種的主管官廳來加以控制。所以，生產企業與貿易公社之間意志無法溝通。

生產、出口、進口等基本計劃，全都由國家計劃委員會來進行。也就是說，在這個時期的生產計劃（商品、數量、質）、出口的計劃、進口的計劃全都由國家計劃委員會來進行。主管官廳接受指示，由所屬的國營企業製作商品，而由直屬於外國貿易部的進出口公社出口商品。關於進口方面，也由國家計劃委員會制定計劃。而進出口公社只是按照指示，進行進口業務而已。

〔一九八一年—八六年〕

這個時期，被指責為社會主義體制惡習的「縱向行政」誕生了。以往各業種所有的進口公社，都歸外國貿易部管理。而從八一年開始依序移交給主管生產的官廳。例如，處理水產物的進出口公社，以往屬於外國貿易部，但是現在由水產部管理。這個時期生產和進口、出口、流通、通商等業務一體化，而使得主管官廳的權限擴大。

以往，以一業種一進出口公社為原則（一個官廳為一公社），但是撤廢這個原則，以地方人民委員會設立進出口公社。

因此，這個時期進出口公社相繼設立，總計有超過五百家的公社成立。這個時期，外國貿易部的權限和業務大幅縮小，主要工作成爲quata管理，以及發給進出口許可證。

外國貿易部進行組織改革，現在成爲商業部。

〔一九八七年以後〕

一九八六年十二月，黨大會中決定採行刷新政策，導入貿易範圍。首先就是緩和了關於貿易的限制，致力於減少配額項目。以往受到配額限制的商品的進出口，進行逐次解除限制。到了九二年末時，數量分配項目大幅度減少。以下是九二年末進出口數量分配限制的主要商品。

●出口限制商品……米、花生、咖啡、橡膠、藍桉木材、鐵屑等。

●進口限制項目……水泥、汽車（小型）、機車、自行車、電子機器、煙、酒（啤酒等）、化妝品、成衣等。

此外，除了進出口的限制商品以外，還規定了進出口的限制項目。像陶器、建築用玻璃、床墊、毛毯、鞋子、原子筆、鉛筆、肥皂、牙膏、民生用電池以及其他一些項目。

這些數量限制及項目限制和關稅制度，同樣是貿易政策的主要政策手段。九四年三月關於進出口的規定修改了，決定了「禁止項目」與「分類項目」等的細目。新的休正規定和項目等，在進出口的項目中爲各位詳細檢證。

刷新效果的第二點，就是許可民間企業（在越南稱爲私企業的個人企業與法人企業）也可以從事進出口業務。

以往由國營進出口公社所進行的進出口工作，現在有私企業參與，意義非凡。

探討出口項目的演變，就可以掌握歷史的流程以及產業的流向（表7－4）。九一年與九五年對照的話，出口商品伸展力較大者爲成衣品四九八％、茶一五〇％、原油一一七％、米九十四％、橡膠九十％、煤八十八％等。關於成衣品方面，出現九一年實績爲五倍的伸展率，原油爲二倍強、水產品爲二倍弱、煤二倍弱，也就是說越南主要的出口品各自出現極大的伸展率。

進口品當中，伸展率最大的就是水泥，爲十六倍。其次爲汽車七倍（表7－5）。對建國而言不可或缺的水泥和汽車的進口大增。但是，水泥和汽車爲大型的合併投資，因此早晚會國產化。今後配合產業的發展，進口商品每年都會形成很大的變化。

## 表7—4　越南的主要出口項目

| 項目 | 單位 | 實績 | | | | 目標 |
|---|---|---|---|---|---|---|
| | | 1991 | 1992 | 1993 | 1994 | 1995 |
| 咖啡 | 1,000噸 | 94 | 116 | 114 | 158 | 150 |
| 橡膠 | 1,000噸 | 63 | 82 | 90 | 96 | 120 |
| | 1,000噸 | 71 | 63 | 105 | 100 | 110 |
| 茶 | 1,000噸 | 10 | 13 | 6 | 21 | 25 |
| 米 | 1,000噸 | 1,033 | 1,853 | 1,700 | 2,200 | 2,000 |
| 加工肉 | 1,000噸 | 25 | 12 | 20 | 21 | 20 |
| 絹 | 噸 | 500 | 700 | 800 | N.A | N.A |
| 水產品 | 100萬美元 | 285 | 300 | 370 | 450 | 550 |
| 成衣 | 100萬美元 | 117 | 160 | 300 | 550 | 700 |
| 錫 | 噸 | 3,440 | 4,537 | 2,969 | 4,000 | 4,000 |
| 原油 | 1,000噸 | 3,917 | 5,426 | 6,210 | 7,000 | 8,500 |
| 煤 | 1,000噸 | 1,170 | 1,629 | 1,432 | 2,200 | 2,200 |

出處：根據越南情報貿易中心資料，由越南經濟研究所作成。
與表5—2相同。

## 表7—5　越南的主要進口項目

| 項目 | 單位 | 實績 | | | | 目標 |
|---|---|---|---|---|---|---|
| | | 1991 | 1992 | 1993 | 1994 | 1995 |
| 石油等油類 | 1,000噸 | 2,573 | 3,142 | 4,094 | 4,500 | 5,000 |
| 肥料 | 1,000噸 | 2,662 | 2,829 | 2,307 | 2,500 | 2,700 |
| 鋼材 | 1,000噸 | 200 | 250 | 726 | 600 | 550 |
| 綿 | 1,000噸 | 33 | 8 | 16 | 25 | 30 |
| 殺蟲劑及原料 | 100萬美元 | 22 | 24 | 33 | 25 | 30 |
| 水泥 | 1,000噸 | 70 | 300 | 500 | N.A | 1,200 |
| 汽車 | 輛 | 599 | 3,200 | 4,800 | 4,728 | 5,600 |
| 卡車、巴士 | 輛 | 808 | 281 | 1,000 | 1,547 | N.A |
| 機車 | 1,000輛 | 49.5 | 28.6 | 270 | 355 | 170 |
| 電子零件 | 100萬美元 | 28.7 | 40 | 65 | N.A | N.A |

出處：與表7—4相同。

主要進口商品的變化成為產業進化的指標，每年都可以看到不同的變化。

## 三　進出口制度

越南的進出口制度完全在政府的控制下進行。關於這一點，在本章的第二項（越南貿易的歷史）中已經檢證過了。

先前敘述過，經由刷新政策支援、培養民營企業，因此民間企業只要能滿足一定的條件，就能進行進出口業務。這時，即使是民間企業，只要資金有二十萬美元以上，在商業部登記領到執照的話，就可以進行進出口業務。

根據九二年十一月商業部通知，所有的進出口業者（包括國有、公營及民間企業在內）都有義務要進行進出口業務的更新。要附帶申請文件以及舊的執照、進出口的實績表等，要支付一百萬盾的手續費，才可以領到新的執照。

一九九四年三月二十四日修改了關於進出口的規定〈禁止項目〉及〈分配項目〉等，與進出口有關的細目規定。

## (1) 進出口事業

外國企業或是事業協助契約的當事人，基於一年間的出口計劃從事出口業務，而這時可以經由海外代理店或是越南代理店（外國貿易公司的越南代理店）。

①禁止項目、②分配項目、③需要與管轄省廳協議的項目、④只能由政府指定企業處理的項目等等……都規定了，以下各條整理叙述如下：

**（1）出口（一九九四年三月二十四日修訂）**

〈禁止項目〉

（a）武器、炸藥、軍用設備

（b）政府保護的古董品、文化項目

（c）痲藥、毒藥

（d）圓木、木材（從自然森林中砍伐的木材）、半加工木製品（木材在以前是珍貴的出口商品，從一九九三年四月持續禁止出口措施，同年十二月根據「木材、木製品、林產品的出口相關政令」，禁止木材、木製品（零件或是一次加工品等）的出口。

（e）半加工籐製品

（f）珍獸類

〈分配項目〉

（a）米

（b）銷往EU及加拿大的纖維製品

（c）銷往EU的木薯

〈需要與管轄部協議的項目〉

（a）文化項目（文化情報局）

（b）礦物資源（重工業局）

〈只有政府指定的企業才能出口的項目〉

（a）原油

（b）米

**（2）進口（一九九四年三月二十四日修訂）**

〈禁止項目〉

（a）武器、彈藥、炸藥、軍用設備

（b）麻藥、毒藥

（c）退廢項目

（d）對於社會秩序、安全、人格形成造成不良影響的爆竹、玩具類

（e）菸（除了規定內個人攜帶品之外）

（f）中古消費財（縫製品、紡織物、十二人座以下的車輛、附帶或未附帶發動機的二輪車及三輪車、電氣製品、家庭用電子品等），除了規定內的移動資產及個人的行李之外，可能會危害環境的物品或其他不好的物品（中古零件、舊輪胎、廢材、不良品等），都是禁止進口的項目。

（g）右方向盤的汽車及其他交通工具（包括分解狀態及零件在內），在狹窄範圍內能夠使用的特殊車輛除外。

〈分配項目〉

雪茄原料

〈需要管轄部決議的項目〉

（a）有線、無線再生產設備（文化情報局）

（b）文化項目（文化情報局）

（c）醫院用醫療品、醫療機器（衛生署）

（d）動植物的種、活的動物、動植物用的藥品（農業食品工業局）

〈經由政府指定企業才能進口的項目〉

（a）汽油

（b）肥料

〈關於進口數量事前需要商業部許可的項目〉

（a）肥料

（b）汽車、機車、電視、收音機、錄音帶、錄音帶的組裝零件

（c）纖維

（d）紡織品

（e）袋子

（f）建設用鋼材

（g）摩托車（零件除外）

（h）十二人座以上的汽車（零件除外）

（i）自行車及零件

（j）水泥

（k）風扇及其零件

（l）電氣製品

現在成爲依據法進出口的限制，根據以往的例子來看，每年都會變更。因此，今後可能會不斷地變更、修改。以合併公司的例子來看，進口時最大的問題就在於外幣的比例。越南因爲外資缺乏而感到煩惱，所以一般常識認爲外幣的比例是不被接受的。

想要進口受到國營企業或數量限制的商品，在年度初期就必須要提出外幣的申請，得到外幣比例的承認才行。這時如果在許可範圍內，就可以進口。

但是，這項規定也有例外。也就是說，出口企業利用出口業務獲得的外幣，可以當成自家公司購買商品的進口貸款來使用。

其次是越南的貿易結算問題，支付的貨幣通常是使用美元。一般的結算按照契約，原則上是以L／C爲基礎或是D／P（Documents against Payment）、D／A（Documents against Acceptance）的基礎來進行。一部分也可使用德國馬克或者是法國法郎。

## ⑵匯兌管理制度

越南的匯兌管理制度是在中央銀行（越南國家銀行）的指導之下，由越南國營銀行（越南外國貿易銀行、越南工業商業銀行、農業銀行、投資開發銀行）與民間銀行（越南進出口銀行）、合併銀行（印度比納銀行等三家），以及外國銀行的分行（美國銀行等）來推動。

越南中央銀行進行：①對進行進出口業務企業的貸款，②支付服務業務，③匯率的穩定，④金錢與外幣交易量的調整，⑤爲了抑制通貨膨脹而進行本國幣（盾）的穩定，⑥外幣準備額的增加……等業務。

在越南現在來自外國的外幣大量流入，由於外國人投資以及來自外國的援助、增多的外國觀光客，使得外幣出乎意外地大量流入。因此，進行適當的外幣管理成爲最重要的業務。

在這種現況當中，身爲越南國家銀行的中央銀行和政府經濟部，對外國企業進行以下四項限制措施。

①、有義務要開設外幣存款帳戶

得到政府的投資許可及事業執照，進行事業登記的外資企業，要在越南國內的外國匯兌公認銀行（包括越南外國貿易銀行在內的外資合併銀行，以及外銀分行等），有義務要開設外幣以及越南貨幣盾的存款帳戶。除了法定資金以外，企業的一般管理費的資金以及所有的事業收入都要進入這個帳戶。而在國內所需要的資金，則由這個帳戶提出越南貨幣盾來使用。利息由中央銀行設定，如果是外國存款的話，則由外幣支付利息。

**②、有義務維持的外幣的均衡**

外資企業有義務維持外資收入及外幣支出的均衡。這是由外資法施行細則及外國匯兌管理通知規定，外資企業必須獲得企業營運所需的外資決算的充分外資。但是，特例則是政府對於進口代替品的製造或者是特定基本建設事業的合併企業，開闢了不適用這種外幣收支均衡規定之路。這個特例規定，可以在提出合併企業設立許可申請時申請，得到許可才行。

**③、果實（利益金）的匯款限制**

根據外資法的規定，外資企業在以下的情況下可以進行利益匯款。匯款必須要得到越南中央銀行的許可才能實施。

①由事業活動所產生的利益匯款（這個利益匯款在企業實際獲得利益的年度，支付所定的法人稅之後實施）。

②技術的技巧、服務的對價等的匯款。
③支付給越南方面的貸款本金和利息的匯款。
④法定資金的匯款（回收）。
⑤屬於自己合法所有的財產及資產的回收，以及爲了遂行事業協助契約或者是外資企業，而在越南工作的外國人，當成給與薪資所得到的所得，可匯款回本國。但是匯款前原則上必須要繳納規定的個人所得稅。

**④、外幣的兌換只限於在公認銀行進行**

越南國家銀行所指定的中央銀行的匯兌（表7－6），用來兌換外幣以及越幣盾。只限於在前記的公立銀行才能進行外幣的兌換。

### (3) 關稅制度

越南進出口關稅是以一九九二年三月一日施行的進出口關稅法，以及一九九二年三月三十一日所施行的相關政令爲基本。在九三年八月二十四日進行修改，但是關稅法的梗概由以下五點所構成。

①關稅以通過國際及國內市場和出口加工區（ＥＰＺ）之間境界的所有進出口品

爲對象。通往第三國的過境商品或人道援助物資、展示用的臨時進出口品、無償援助物資得以免除。教育、訓練、研究用等特別用途品和加工用的原材料爲減稅的對象。

②　關稅的課稅額出口以FOB，進口以CIF價格爲基準來計算。貨幣的兌換適用於越南中央銀行的匯率。

③　關稅有標準稅率和特惠稅率。特惠稅率是政府與特惠協定簽定國之間的交易，或者是越南政府指定的情況下可以施用。而標準稅率五十％以內的範圍，則由政府按照項目或者是交易國來特定。

**表7—6　外國匯率**

（1995年12月23日）

| 外　幣 | 買價（盾） | 賣價（盾） |
|---|---|---|
| 美　元 | 11,010 | 11,018 |
| 法　郎 | 2,217 | 2,262 |
| 日　幣 | 106.73 | 108.68 |
| 英　磅 | 16,835 | 17,143 |
| 德國馬克 | 7,595 | 7,734 |
| 港　幣 | 1,410 | 1,439 |
| 泰　銖 | 433 | 442 |

出處：VIETCOM BANK

④　在越南政府基於外國投資法特別獎勵的範圍，進行投資的外資企業或者是契約提攜事業者，基於外資法施行細則的規定，現物出資的機械設備或零件，以及打算出口的生產用的原材料等的進口稅可以免除。

⑤　裝船時的破損或者是運送途中的破損、遺失的商品等等，經由越南進出口品檢查公司（VINACONTROL）的證明，配合損失的程度可給與減免措施。

# 第八章　越南的勞動情況

縫製工廠支撐越南的出口業務。來自日本著名廠牌的委託加工較多

## 一 雇用的現狀

越南人富於向學心、勤勉，是忍耐力極強的國民。在長期接受殖民地統治的時代，學會了努力工作。

熱心教育、勤勉的國民性與日本人非常類似。不管在任何一個山村或農村，都有義務要接受教育。因此，雖然是最貧窮的國家，可是文盲率很低。

表8－1是越南教育制度的整理表。義務教育包括小學五年以及國中四年，總計九年。進入小學就讀的就學年齡是六歲，義務教育終了，從國中畢業時年齡是十五歲。進入企業的可能年齡爲十八歲。以訓練爲目的，有時在十二歲時就可以被雇用了。

越南的勞動市場從企業方面來看，還算是買方市場。推測越南總人口的五十一％是勞動人口，因此大約有三千六百二十萬人爲勞動人口。

失業者佔二十％強，爲七百二十四萬人。

這個二十％的數字是太過於樂觀的數字（政府非正式發表），實際失業者數可能超過一千萬人。統計數字的基準是二十％或二十五％。看到這些現狀，因此越南政府認爲

**表8—1　越南的公立（國立）教育機構與學生人數（1994年）**

（單位1000人）

| | | 學校數 | 教師數 | 學生數 | 備　　考 |
|---|---|---|---|---|---|
| 幼　稚　園 | | 6,836 | 66.3 | 1,655.5 | |
| 普通學校 | 義務　小學（5年） | 18,029 | 278.0 | 9,778.7 | 入學年齡爲6歲 |
| | 義務　中學（4年） | | 133.7 | 3,086.7 | 畢業年齡爲15歲 |
| | 高中（3年） | 1,135 | 34.7 | 703.3 | |
| | （小計） | 19,164 | 446.4 | 13,568.7 | |
| | 補充職業訓練 | | | 102.9 | |
| | 技術高中（3年） | 265 | 9.7 | 119.0 | |
| | （小計） | | | 221.9 | |
| 高等教育 | 高等師範(2年)<br>高專/短大(3年)<br>綜合大學(4年)<br>綜合研究所(3年) | 109 | 21.2 | 157.1 | ·沒有教導市場經濟的教授是政府最大的問題點。<br>·能夠說外文的學生受人歡迎。 |
| | （小　計） | 109 | 21.2 | 157.1 | |
| （合　　計） | | 19,538 | | 13,947.7 | |

出處：越南經濟研究所

外國人企業投資有義務要雇用越南的勞工，此外，也歡迎勞動集約產業的投資。

光是從數字來看，發現勞動力非常豐富。但是，外國企業所需求的人才並不多。

外國企業需要會說英文、日文、法文、德文等語文人才，需要學習過市場經濟的人才，但是越南很難確保有符合外國企業要求的人才。

因此，不得不採用較高的薪資雇用這些人才。

外國企業各自有一套辦法，先找尋即使不會說外文，可是具有人品和能力，而且也有背景的好人才進入公司，再讓這些人才進行語學（技能）的研修。

此外，很多企業也會讓人才長期研修投資的企業、語言及市場經濟。在這種勞動市場的現狀中，在越南雇用勞工與雇用一般職員及幹部職員的方式是不同的。也就是說，要找尋一個幹部職員（會說外文，具有經理事務等能力的人）很困難。但是要雇用一般職員（單純從事勞動工作的人），越南還是一個買方市場。

因此，一般職務月薪為五十—七十美元，但是通譯或秘書則需要兩百—三百美元，技術者及管理職為三百—四百美元。

關於薪資方面，越南的勞動薪資較低，一天平均為一美元，而勞動品質很高。的確，越南的國內企業月薪二十—三十美元就可以雇用到勞工，不過以外資企業而言，一般的常識是支付國內企業兩倍的薪水。

一九九二年五月實施最低薪資法。外資企業的最低薪資在河內市和胡志明市為三十五美元，其他地區規定為三十美元，現在可以說是有名無實了。

為各位介紹九三年七月日本進駐事業的實例。

〔例一〕

九四年六月開設胡志明事務所的日本廠商，對越南人從業員的薪資分為以下三階段給與：

①　會說外文（日文或英文）的男性職員　四百美元／月

②　會說外文（日文或英文）的女性職員　一百五十—兩百美元／月

③　駕駛　一百五十美元／月

這個公司請胡志明市人民委員會的勞工服務事務所為他們雇請職員，每個月薪資也支付給勞工服務事務所。而勞工服務事務所扣除手續費、個人的泉源稅及保險費之後，剩下的錢當成個人薪資支付給對方。

在此，關於個人所得稅的稅法，請看表8—2。也就是說，一百二十萬盾（約一百二十美元）以下的所得稅率為零。而高額所得者（六百萬盾以上的人）則適用五十％以上的稅率。看這個表就可以知道，月薪六百萬盾（約六百美元）以上的給與所得者，幾乎只佔少數而已。在外國企業工作的越南人，平均薪資為兩百—三百萬盾。胡志明市於九二年十月調查在胡志明市的越南企業的從業員薪資。根據資料顯示，當時平均月薪三十·五美元（約三十萬盾）。由此可知，越南企業和外國企業的薪資差距非常大。

（例二）

這個例子是電氣機器相關的合併公司的九三年薪資體系。這家公司現在在胡志明市擁有工廠，而且計劃在河內市周邊興建第二工廠。這個公司將越南人從業員分爲五階段，給與不同的薪資。

①　一般單純勞動者　三十五美元、四十美元、五十美元

②　單純技能者　八十美元、一百美元、一百五十美元、兩百美元

③　課長、部長　兩百美元、三百美元

④　幹部　四百美元

⑤　具有代表權的幹部　五百美元

在越南合併公司許可的條件，就是一定要有一位越南人擔任代表董事（No．1或No．2。例如會長、社長、第一副社長等）。而這家公司雇用了超過四百位的越南人，因此並沒有依賴人民委員會的勞動服務事務所，而自己招募人才。所以，個人的薪資給付扣掉了泉源所得稅和保險金，直接將契約薪資支付給本人。

雖然是比較老舊的資料，但是九二年十一月在胡志明市所進行的越南當地企業的職種別、薪資別表，和外資企業的平均薪資表，可以讓各位比照一下當地企業與外資企業

**表8—2　個人所得稅率表**

（越南人的情況）

| 等級 | 1人平均月收入（千 VND） | 稅率（%） |
|---|---|---|
| 01 | 1,200以下 | 0 |
| 02 | 1,200以上～2,000以下 | 10 |
| 03 | 2,000以上～3,000以下 | 20 |
| 04 | 3,000以上～4,000以下 | 30 |
| 05 | 4,000以上～6,000以下 | 40 |
| 06 | 6,000以上～8,000以下 | 50 |
| 07 | 8,000以上 | 60 |

（外國人的情形）

| 等級 | 1人平均月收入（千 VND） | 稅率（%） |
|---|---|---|
| 01 | 5,000以下 | 0 |
| 02 | 5,000以上～12,000以下 | 10 |
| 03 | 12,000以上～30,000以下 | 20 |
| 04 | 30,000以上～50,000以下 | 30 |
| 05 | 50,000以上～70,000以下 | 40 |
| 06 | 70,000以上 | 50 |

的薪資。

表8—3、8—4是九二年十一月的調查（胡志明市）的結果。當地企業與外資企業的薪資差距，現在比這個調查結果的差距更大。這種傾向將會隨著外資的流入而持續一陣子。

## 表8—3　當地企業職種別平均月薪

（單位：美元）

| 職種 | 平均薪資/月 | 職種 | 平均薪資/月 |
|---|---|---|---|
| 飯店、餐廳 | 69.30 | 港灣搬運工 | 24.55 |
| 商業 | 37.11 | 運送業 | 14.04 |
| 製造業 | 28.74 | 農業 | 11.72 |
| 建設業 | 27.81 | 衣料 | 32.80 |

## 表8—4　外國企業的平均薪資（越南從業員）

（單位：美元）

| 職種 | 基本薪資/月 | 各項費用/月 |
|---|---|---|
| 生產經理 | 月額最低　250 | 基本薪資的17％～30％ |
| 技術者 | 120 | 同上 |
| 技能者 | 100 | 同上 |
| 熟練工 | 50 | 同上 |
| 駕駛 | 約100 | 同上 |
| 祕書 | 約 70 | 同上 |

## 二　勞動相關依據法

一九九〇年六月制定「關於外資企業勞動的規定」，在九〇年七月又制定了「勞工組織法」。勞動相關的依據法是指前二者，而後面的「勞動法」制定之後，成爲新的依據法。

先前所說的勞動相關依據法是①雇用的方法，②勞動時間等的勞動條件，③薪資，④從業員的解雇，⑤勞動契約，⑥勞動爭議等各自加以規定。依據法的內容整理如下。

### ①雇用的方法

雇用的方法大致分爲以下三種形態：

（a）各地的人民委員會的勞動局，或地方勞動事務所推薦，直接採用（手續費的上限爲月額的三％）。

（b）勞動供給公司或投資服務公司從中斡旋，來挑選人才（手續費的上限爲月額的八％）。

（c）如果a、b都不適用時，則向各地的人民委員會登記，藉著求才廣告等公開募集。此外，手續費或登記費在雇用勞工時全額支付。各人民委員會的勞動局或勞動事務所，對於在外資企業就職的勞動者進行管理，有義務報告要採用何種方法。

## ②勞動條件

勞動條件包括①試用期間、②勞動時間、③薪資、④有給休假、⑤規定年間的節慶等。關於試用期間方面，規定不可以超過三十天。如果技術上難度較高者，則規定為六十天以內。

勞動時間方面一天為八小時，一週不可以超過四十八小時。但是，重勞動工作（肉體或者是有危險、有害的勞動）則一天至少要縮短一小時。關於孕婦或未成年者則另行規定。此外，一天最低要給與三十分鐘的休息時間，加班則需要勞動者同意，一年不可以超過二百五十小時。夜間勞動為二十二時—翌日早晨六時。每週休為一日（二十四小時），要為一定日（通常為星期日）。有詳細的規定。

有給休假則是同一企業就職十一個月以上的勞動者，至少要給與十八日的休假。同一企業服務十年以上的人，或者是在遠隔地或天候不良地區服務者、從事有害、危險作業者、未滿十八歲者，至少要追加五天的有給休假。

年間的節慶日，目前爲七·五日，這些日子都是有給休假。

越南的節慶如下：

①　正月（一月一日）　一天

②　舊曆正月　三天

③　勞動節（四月三十日）　一·五天

④　建國紀念日（九月二日—三日）　二天

**③勞動契約**

外資企業與越南勞動者必須簽訂勞動契約。如果在企業內成立勞動組織時，外國企業自操業起始日開始六個月內，必須和從業員的代表與團體締結勞動契約。不管是哪一種情形，都必須向各人民委員會的勞動局或地方勞動事務所登記締結的勞動契約內容，得到許可才行。

記載在勞動契約書上的內容包括：①業務的內容，②勞動場所，③勞動及休息時間，④契約的期間，⑤給與、薪資，⑥社會保險及勞動保護的保證等。這個勞動契約書做成兩份，勞資雙方各保管一份。

越南的外資企業從業員的薪水十五%，必須支付為每月的社會保險據出金。這個十五%當中的十%交由各人民委員會的勞動局或地方勞動事務所當成勞動者的福利金。五%則在企業內設立社會保險基金，供作社會保險之用。

另一方面，勞動者各薪資的五%要從薪水中扣除。這五%當成社會保險基金（地區的勞動事務所）的準備金。

**④就業規則**

外資企業作成就業規則，必須向各人民委員會的勞動事務所登記。就業規則中所記載的內容包括：①就業時間、休息時間，②企業的規則，③薪資的支付基準，④企業的組織，⑤作業場所的職業安全、衛生，⑥資產保護、企業的技術、產業情報的秘密，⑦勞動規則的違反行為、罰則、損害的責任等。

⑤兵役

外資企業在越南勞動者必須服兵役的時候，要給與休假許可。因爲服兵役而停職時，暫時終止勞動契約。在兵役終了時，要恢復持續雇用關係。

## 三　其他參考事項

到九四年一月爲止一年內，胡志明市的十三件罷工事件中，外資企業的罷工事件有五件。其原因是：①無視於勞動契約，促使勞動者團結。②企業忽略提高薪資的要求，因此促使勞工團結。而勞務管理大都委任越南人擔任管理職，可能是由於外國人與越南人的想法不同，勞資之間的意識溝通不良，因此產生了罷工事件。即使越南人管理職再優秀，但是與外國人經營者的想法不同，因此要對於越南人管理職的基本想法再進行教育。

另一方面，外國人經營者也必須要重視越南人的性質。例如地緣、血緣等。有時候必須要以地緣、血緣的關係爲優先考量，必須要瞭解這些國民性。

今後，隨著外資企業的增加，相信如中國般的勞動爭議也會持續增加。平常的溝通非常重要。進駐越南的企業一定要學習「與越南之間的差距到底是什麼」的基本問題，然後才可以開始從事企業。如果怠忽了這些基本問題，想進駐海外的話，當然就會遭遇失敗。像最近韓國企業的罷工事件很多，的確令人擔心。

以往的越南失業者較多，所以要確保年輕的勞動力非常容易。但是，先前也敘述過，管理職的人才缺乏是一大問題，所以各企業培養人才是當務之急。

最近確保人才出現明顯的二極化現象。要確保單純勞動者很容易，但是要確保具有語文能力者或是管理職的人很困難，而且薪水很高，會出現很多的問題。

現在，越南合併企業、百分之百外資企業、外國企業的駐在員事務所等，全國有八百五十家。就業人當中，越南人為五萬六千人。同時，希望學會外文的就業者數也有增加的傾向。光是河內就有超過兩百家的語文教室。以英文為主，法文、日文、中文、韓文等語言教室盛行。

越南是地緣、血緣關係極強的社會，所以在雇用從業員的時候，一定要考慮到這一點來應付。

# 第九章　越南的金融制度與租稅制度

躍動的越南現在正在興建高速公路（從河內市到河內國際機場的高速公路）。

# 一　金融制度

越南的金融制度自一九七六年統一以來，具有中央銀行兼營商業銀行的特異性。從八七年（刷新政策元年）開始著手改革。到八八年時，中央銀行才從商業銀行的機能中分離出來。九〇年實施「中央銀行法」和「商業銀行、財政經營及信用組合（Cridit Cooperatives）法」，九一年施行「外國銀行分行、合併銀行法」，完成現行制度。這個改革明確地劃分出中央銀行、商業銀行、專業銀行的業務範圍，致力於金融政策的滲透，同時也開闢了外國銀行進駐越南之路。

刷新政策的遂行（市場經濟化的推進），使得越南政府需要外國銀行的資金以及技巧。因此，金融制度的改革在早期進行。

越南金融機構是由：①中央銀行、②國營商業銀行、③民間的商業銀行、④合併銀行、⑤外國銀行的分行、⑥外國銀行的駐在員事務所所構成的。

中央銀行本行設在河內，在胡志明市有分行。行員七千名。八八年以後，中央銀行機能的業務包括了發券、金融、匯兌政策、金融各機構的管理、國家資金的管理、外國銀行的分行許可等業務。

國營的商業銀行則有以下四家：

① 外國貿易銀行（通稱爲VIETCON BANK）
② 工業商業銀行
③ 農業銀行
④ 投資開發銀行

**表9—1　日本的都市銀行的駐在員事務所的設置狀況**

| 銀行名 | 開設地 | 開設（年月） |
|---|---|---|
| 東京銀行 | 胡志明市 | （93.7） |
| 東京銀行 | 河內市 | （94.11） |
| 東海銀行 | 胡志明市 | （93.11） |
| 櫻花銀行 | 胡志明市 | （93.11） |
| 富士銀行 | 胡志明市 | （93.12） |
| 大和銀行 | 胡志明市 | （94.1） |
| 三菱銀行 | 胡志明市 | （94.5） |
| 三和銀行 | 胡志明市 | （94.5） |
| 朝日銀行 | 胡志明市 | （94.9） |
| 日本興業銀行 | 河內市 | （94.11） |
| 住友銀行 | 胡志明市 | （94.12） |

註：還有很多其他外商銀行事務所。同時也有日系銀行分行升格的計劃

這四家國營銀行進行匯兌業務。而民間的商業銀行分類上只有越南進出口銀行（Export Import Bank of Vietnam）而已。合併銀行、外國銀行分行到九三年七月時爲十六國或地區，進駐了二十七家。此外，日本的駐在員事務所主要是都市銀行。

金融制度的性格不同，但還是要簡單地探討一下越南的資金籌措問題。

越南還沒有開設證券市場，在國內不可以

公開募集籌措資金。所以，必要的事業開設資金必須要由海外攜入。因此，資金籌措一般是指事業資金的借貸。

首先，談到越幣盾（VND）的借貸。要借貸越幣盾必須要分爲越南國內的銀行（當地銀行），以及外國銀行的借貸來探討。

首先，來探討一下當地銀行的借貸。

中銀的原則是一·八—二·一％（月息）。這個借貸利息由中央銀行決定原則，而按照政策上業種別，給與不同的利息差。像短期的出口企業、農業、製造業的話，則爲一·八％（月息）。零售業、批發業爲二·一％（月息）。此外，中長期（三—十年）的借貸原則爲一·七％（月息）。

關於外國銀行的借貸，如果是要借貸越幣盾的話，與中央銀行進行交易限制以及銀行間的市場不發達，因此幾乎不進行越幣的借貸。

如果要借貸外幣的話，則必須要分爲當地銀行的借貸與外國銀行的借貸來探討。當地銀行的外幣借貸與他國的外幣籌措相比，比率較高。

越南的外幣準備額較少，而且貿易收支是赤字，外幣極端缺乏，所以當地銀行幾乎都不做外幣的借貸。但是，還是希望賺取利息，所以年息爲九％左右。這個數字在一九九四年十月修正，成爲中央銀行規定的基準。

其次，由外國銀行借貸外幣。在越南因爲土地是國有的，各企業都能行使權利，沒有土地所有權卻有利用權或使用權。但使用權或利用權沒有辦法進行抵押權的設定，所以幾乎沒有辦法進行中長期的外幣借貸。因此，所謂外幣借貸主要是指美元的超短期的資金融資，或者是貿易金融。概言之，在越南要籌措事業資金，幾乎不論是使用越幣或者是外幣都很困難。

要進駐越南時，一定要在海外充分準備好資金才行。

## 二　租稅制度

越南的租稅制度是以國稅爲主。直接稅包括：①所得稅、②法人稅，間接稅則包括：③營業稅、④關稅等。其次，外國投資企業相關的租稅羅列如下：①法人稅、②分配、利益匯款稅、③交易稅、④土地、海面、水面使用費、⑤特別營業稅、⑥資源稅、⑦關稅等。

法人稅的標準稅率爲二十五%，不過依投資範圍或出口貢獻度的不同，而給與優惠

**表9—2　法人稅的優惠措施一覽表**

| | | | |
|---|---|---|---|
| 投資 | ※滿足以上二者的事業<br>雇用500人以上<br>使用先進的技術<br>80%以上的製品出口<br>資金1,000萬美元以上 | 建設基本事業<br>天然資源開發、重工業<br>長期的穀物栽培<br>在條件不良地區事業<br>終了時無償讓渡的事業 | 山林地的基本建設<br>植林事業<br>特別重要的事業 |
| 稅率 | 適用優惠稅率20% | 適用優惠稅率15% | 適用優惠稅率10% |
| 減免措施 | 利益發生後免稅2年，接下來3年減免（10%） | 利益發生後免稅2年，接下來4年減免（7.5%） | 利益發生後免稅4年，接下來3年減免（5%） |

制度。優惠稅率爲二十%、十五%、十%，而其基準如表9—2所示。

石油、天然氣、稀少又珍貴的天然資源的開發，依計劃的性質可能給與二十五%以上的優惠措施。此外，即使沒有優惠稅率，可是利益發生以後一年內可以免除，而兩年內可減輕五十%。但是，像飯店（條件不良地區的事業、終了時無償的情況除外）、銀行、金融、保險、會計事務、監察業務、貿易計劃的優惠措施（優惠稅率、免除、減輕）不適用。

利益匯款稅是指外資企業將利益送到海外時，加以課稅的稅金。

外資企業打算將利益匯款到海外時，必須要支付前記的泉源稅。此外，外資企業除了利益以外，事業營運的過程中所需的借款的本金和利息也可以匯款。因爲不是利益匯款，所以不需要課徵匯款稅。

**表9—3　匯款稅的稅額**

| | |
|---|---|
| 外資出資1,000萬美元以上 | 匯款額的5％ |
| 外資出資500萬美元以上 | 匯款額的7％ |
| 上記以外 | 匯款額的10％ |

越南的關稅因為加盟東南亞國家聯盟，而逐漸降低水準。加盟AFTA使得越南產業浮沉，因此必須要仔細注意。

由外國的事業伙伴支付關稅，因此，除了禁止項目以外的商品都可以進出口。以往越南並沒有加入WTO，所以關稅可以自由決定的國家。為了培養國內產業，因此進口關稅率較高。但是，自從加盟AFTA後必須實現關稅政策，因此關稅方面應該要重新考量。

越南對於外資企業有優惠措施。像設備、機械、出口品、生產用的原料、零件、技術等都可以免稅。但是，如果在越南國內銷售時，要得到商業部的許可，而且要支付進口稅、營業稅（特別消費稅）。此外，出口關稅主要課徵礦物、水產物等的天然資源稅。

其次，關於個人所得稅方面，外國人如果停留日數在一百八十三天以上，則視為是居住者，必須要支付所得稅。外國人和越南人以及永久居住者的稅率不同。此外，現物給與或是外國貨幣，必須換算為越南的貨幣來計算所得。

越幣盾對美元的匯率，在九五年八月十一日時為一美元＝一一〇四三

・五盾。以這個匯率來計算的話，外國人所得上限爲七千萬盾，大約爲五十九萬八千七百元日幣，支付稅額一千八百三十萬盾，大約爲十五萬六千五百一十七圓日幣。雖然不具有如日本的地方稅，但是與日本稅率相比，稅負擔非常大。

必須注意的就是，在當地停留的日數達到一百八十三天以上時，所有的所得都必須要扣稅。

# 《資料》

# 行政區劃地圖

3　特別市（中央直轄省）

1　Ha Noi
首都河內

2　Ho Chi Minh City
胡志明市

3　Hai Phong City
海防

50　（地方）省

〈北部〉

4　Ha Giang
5　Tuyen Quang
6　Cao Bang
7　Lang Son
8　Lai Chau
9　Yen Bai
10　Lao Cai
11　Bac Thai
12　Son La
13　Vinh Phu
14　Ha Bac
15　Quang Ninh
16　Ha Tay
17　Hoa Binh
18　Hai Hung
19　Thai Binh
20　Ha Nam
21　Ninh Binh
22　Thanh Hoa
23　Nghe An
24　Ha Tinh
25　Quang Binh
26　Quang Tri
27　Thua Thien Hue

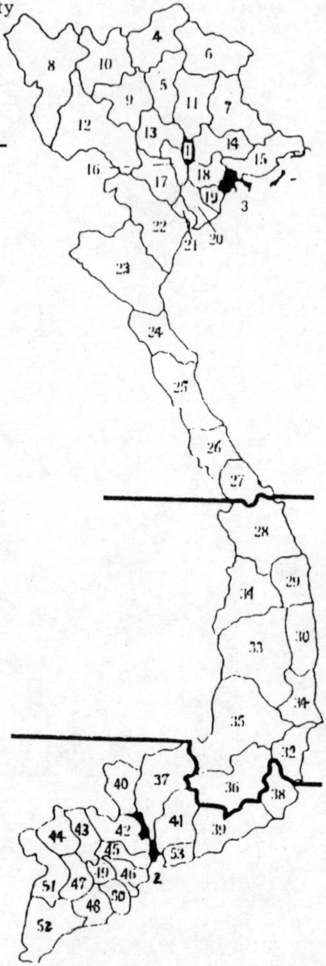


〈中部〉

28　Quang Nam Da Nang
29　Quang Ngai
30　Binh Dinh
31　Phu Yen
32　Khanh Hoa
33　Gia Lai
34　Kon Tum
35　Dak Lak
36　Lam Dong

〈南部〉

37　Song Be
38　Ninh Thuan
39　Binh Thuan
40　Tay Ninh
41　Dong Nai
42　Long An
43　Dong Thap
44　An Giang
45　Tien Giang
46　Ben Tre
47　Can Tho
48　Soc Trang
49　Vinh Long
50　Tra Vinh
51　Kien Giang
52　Minh Hai
53　Ba Ria Vung Tau

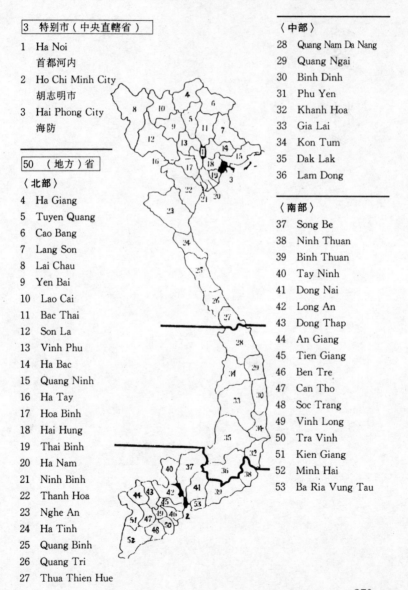

## 行政區劃一覽表

| No. | | 3特別市省名 | 面積（km²） | 人口（千人） | 省都名 |
|---|---|---|---|---|---|
| 1 | ※ | Ha Noi | 2,141 | 3,056 | Ha Noi |
| 2 | ※ | Ho Chi Minh City | 2,029 | 3,934 | Ho Chi Minh City |
| 3 | ※ | Hai Phong | 1,503 | 1,448 | Hai Phong City |
| 4 | ☆ | Ha Giang | 7,831 | 461 | Ha Giang |
| 5 | ☆ | Tuyen Quang | 5,800 | 564 | Tuyen Quang |
| 6 | | Cao Bang | 8,415 | 566 | Cao Bang |
| 7 | | Lang Son | 8,187 | 611 | Lang Son |
| 8 | | Lai Chau | 17,068 | 438 | Lai Chau |
| 9 | ☆ | Yen Bai | 6,625 | 530 | Yen Bai |
| 10 | ☆ | Lao Cai | 7,500 | 470 | Lao Cai |
| 11 | | Bac Thai | 6,494 | 1,033 | Thai Nguyen |
| 12 | | Son La | 14,468 | 682 | Son La |
| 13 | | Vinh Phu | 4,569 | 1,806 | Viet Tri |
| 14 | | Ha Bac | 4,606 | 2,061 | Bac Giang |
| 15 | | Quang Ninh | 5,938 | 814 | Hon Gai |
| 16 | ☆ | Ha Tay | 2,169 | 2,086 | Ha Dong |
| 17 | ☆ | Hoa Binh | 4,697 | 670 | Hoa Binh |
| 18 | | Hai Hung | 2,555 | 2,440 | Hai Duong |
| 19 | | Thai Binh | 5,495 | 1,632 | Thai Binh |
| 20 | ☆☆ | Nam Ha | 2,423 | 2,435 | Nam Dinh |
| 21 | ☆☆ | Ninh Binh | 1,386 | 788 | Ninh Binh |
| 22 | | Thanh Hoa | 11,138 | 2,991 | Thanh Hoa |
| 23 | ☆ | Nghe An | 16,449 | 2,415 | Vinh |
| 24 | ☆ | Ha Tinh | 6,053 | 1,266 | Ha Tinh |
| 25 | | Quang Binh | 7,734 | 646 | Dong Hoi |
| 26 | | Quang Tri | 4,592 | 458 | Dong Ha |
| 27 | | Thua Thien Hue | 5,010 | 891 | Hue |
| 28 | | Quang Nam Da Nang | 11,989 | 1,739 | Da Nang |

| No. | | 3特別市省名 | 面積（$km^2$） | 人口（千人） | 省都名 |
|---|---|---|---|---|---|
| 29 | | Quang Ngai | 5,849 | 1,060 | Quang Ngai |
| 30 | | Binh Dinh | 6,075 | 1,245 | Quy Nhon |
| 31 | | Phu Yen | 5,178 | 658 | Tuy Hoa |
| 32 | | Khanh Hoa | 4,157 | 822 | Nha Trang |
| 33 | ☆ | Gia Lai | 12,000 | 654 | Play Cu |
| 34 | ☆ | Kon Tum | 13,000 | 230 | Kon Tum |
| 35 | | Dak Lak | 19,800 | 947 | Buon Ma Thuot |
| 36 | | Lam Dong | 9,933 | 639 | Dalat |
| 37 | | Song Be | 9,859 | 939 | Thu Dau Mot |
| 38 | ☆☆ | Ninh Thuan | 3,530 | 406 | Phan Rang |
| 39 | ☆☆ | Binh Thuan | 7,892 | 812 | Phan Thiet |
| 40 | | Tay Ninh | 4,030 | 791 | Tay Ninh |
| 41 | ☆ | Dong Nai | 7,578 | 2,007 | Bien Hoa |
| 42 | | Long An | 4,355 | 1,121 | Tan An |
| 43 | | Dong Thap | 3,391 | 1,337 | Sa Dec |
| 44 | | An Giang | 3,439 | 1,793 | Long Xuyen |
| 45 | | Tien Giang | 2,377 | 1,484 | My Tho |
| 46 | | Ben Tre | 2,225 | 1,214 | Ben Tre |
| 47 | ☆☆ | Can Tho | 3,022 | 1,614 | Can Tho |
| 48 | ☆☆ | Soc Trang | 3,138 | 1,067 | Soc Trang |
| 49 | ☆☆ | Vinn Long | 1,487 | 957 | Vinh Long |
| 50 | ☆☆ | Tra Vinh | 2,363 | 961 | Tra Vinh |
| 51 | | Kien Giang | 6,358 | 1,198 | Rach Gia |
| 52 | | Minh Hai | 7,697 | 1,562 | Ca Mau |
| 53 | ☆ | Ba Ria Vung Tau | 2,047 | 587 | Vung Tau |

（註）☆號爲1991年行政區劃變更
☆☆號1992年的行政區劃變更
※河内、胡志明市、海防三地區爲特別市

《資　料》

## 西元2000年的主要經濟目標

### A·每5年與通期的目標

| 目　標 | 單　位 | 1991－1995 | 1996－2000 | 1991－2000 |
|---|---|---|---|---|
| 1.GDP 平均成長率 | % | | | |
| 方案1 | | 5—5.5 | 8.0 | 6.9 |
| 方案2 | | 6—5.5 | 8.5 | 7.5 |
| 2.農業生産平均成長率 | % | | | |
| 方案1 | | 3.7－4.0 | 4.0－4.5 | 4.0 |
| 方案2 | | 4.0－4.5 | 4.0－4.5 | 4.2 |
| 3.工業生産平均成長率 | % | | | |
| 方案1 | | 8.0－9.0 | 10.0－11.0 | 9.5 |
| 方案2 | | 10－11 | 14－15 | 12.5 |
| 4.總出口額 | 10億美元 | | | |
| 方案1 | | 12 | 25 | 37 |
| 方案2 | | 15 | 30 | 45 |
| 5.消費性資金增加率 | % | 3.5－4.1 | 5.0－6.0 | 4.5－5.0 |
| 6.儲蓄性資金增加率 | % | 10－15 | 16－20 | 14－18 |
| 7.社會基礎投資總計 | 10億美元 | | | |
| 方案1 | | 7.7 | 27.3 | 35 |
| 方案2 | | 10.5 | 34.5 | 45 |
| a.國内投資 | | | | |
| 方案1 | | 4.1 | 17.9 | 22 |
| 方案2 | | 5.0 | 20.0 | 25 |
| a-1.公家投資 | | | | |
| 方案1 | | 2.4 | 7.6 | 10 |
| 方案2 | | 3.0 | 9.0 | 12 |
| a-2.民間投資 | | | | |
| 方案1 | | 1.7 | 10.3 | 12 |
| 方案2 | | 2.0 | 11 | 13 |
| b.外國人投資 | | | | |
| 方案1 | | 3.6 | 9.4 | 13 |
| 方案2 | | 5.5 | 14.5 | 20 |

B.每5年的推測

| 區　　分 | 單　位 | 1990 | 1995 | 2000 |
|---|---|---|---|---|
| 1.人　　口 | 100萬人 | 67.6 | 73.2 | 80－81 |
| 2.勞動人口 | % | 32.7 | 37.4 | 42.0 |
| 3.GNP 中所佔的比率 | % | | | |
| ——-農業 | | 50.6 | 48.0 | 42.0 |
| ——工業 | | 20.2 | 22.0 | 28.0 |
| 4.國內儲蓄率 | % | 2.9 | 4.2－8.6 | 13－20 |
| 5.儲蓄、消費率 | % | | | |
| ——儲　蓄 | | 8.1 | 14－18 | 23－30 |
| ——消　費 | | 91.9 | 82－86 | 70－77 |
| 6.GDP 中所佔的出口比率 | % | 14.0 | 24－26 | 27－30 |
| 7.農業生產 | 10億盾 | 16.3 | 20.2 | |
| 8.工業生產 | 10億盾 | 14.0 | 24.5 | |

出處：越南政府（SPC）

《資　料》

## 基本建設的現狀

（1994年12月末）

| 範　　圍 | 單　位 | 規　模 | 摘　　要 |
| --- | --- | --- | --- |
| **電力**<br>電力設備容量<br>發電電力量 | <br>萬 KW<br>億 Kwh | <br>443<br>105<br>（93年） | 在能源局下，各地區設國營電力公司各自負責北、中、南部。由1995年1月1日開始統合。<br>水力發電：75%；石油、煤：17%；其他：8%。（水力發電幾乎全部利用北部袋河2020MW）<br>1994年11月完成了縱貫南北的1487km及500KV送電工程，做成了中南部電力供給增强的計劃。<br>到2000年爲止，估計必要的電力量爲250～270億 KWh。 |
| **道路**<br>道路總延長<br>鋪　設　率 | <br>km<br>% | <br>105,620<br>24.9 | 94年運輸計劃中政府預算最初9000萬美元，而且外國資本投入了6700萬美元，實施這個計劃。而實際上，最後只實行了900萬美元的計劃而已。<br>最近道路情況不佳，因爲車子和機車的增加，而發生許多意外的交通事故。今後考慮到工業化和流通擴大的問題，道路整備爲當務之急。 |
| **鐵道**<br>軌道總延長<br>南北統一鐵道 | <br>km<br>km | <br>3,260<br>1,726 | 南北統一鐵路從河内到胡志明市之間約36小時走完全程。<br>軌道使用1000mm、1435mm以及兩者併用三種。 |
| **港灣**<br>主要港灣<br>國際貿易港 | <br>處<br>處 | <br>7<br>3 | 隨著貿易量的增加，港灣的整備和復舊事業快速進行。除了西貢、海防、達南三大國際貿易港之外，也計劃興建深海港建設。 |
| **機場**<br>國際機場<br>國內機場 | <br>處<br>處 | <br>3<br>12<br>（越南航空） | 隨著旅客及貨運量的擴大，投入外資、擴大機場使其現代化。國際機場在河内、胡志明市、達南市有三處。現在設置與二十多國及地區連結的航路。 |

| 範　　圍 | 單位 | 規　模 | 摘　　要 |
|---|---|---|---|
| **河川**<br>紅河（北部）<br>湄公河（南部） | <br>km<br>km | <br>2,500<br>4,500 | 自古以來就利用河川進行米、煤、水果、日用品等的輸送。 |
| **通訊**<br>電話擁有臺數 | 臺（每100人） | 0.37 | 在都市裡電話、電視、收音機、傳真機（企業）的普及非常顯著，不過，以全國的規模來看還未發達。<br>電信事業到93年末，全國527通訊區中通訊機切換爲數據交換機，國際回線數爲1014回線（其中直通全線數32條）。 |

出處：根據越南政府資料，由越南經濟研究所作成

## 主要交通工具輸送量

| 交通工具 | 運輸量 旅客（100萬人） | 運輸量 貨物（100萬噸） | 運輸距離 旅客（100萬人/km） | 運輸距離 貨物（100萬噸/km） |
|---|---|---|---|---|
| 道路 | 431.4（80.0%） | 43.9（62%） | 11,049.0（77.7%） | 2,134.0（11.1%） |
| 內陸水陸 | 98.3（18%） | 18.3（25.9%） | 1,259.0（8.9%） | 1,955.0（10.2%） |
| 海運 | 2.6（0.5%） | 5.6（7.9%） | 78.0（0.5%） | 14,169.4（73.7%） |
| 鐵道 | 8.0（1.5%） | 3.0（4.2%） | 1,833.7（12.9%） | 965.1（5%） |
| 合計 | 540.3（100%） | 70.8（100%） | 14,219.7（100%） | 19,223.51（100%） |

出處：根據越南政府資料，由越南經濟研究所作成
註：1993年暫定值

《資　料》

## 防止雙重課稅協定締結國名單

| 國、地區名 | 署　名　日 | 外國方面批准日 |
|---|---|---|
| 新加坡 | 1992年 3月 2日 | 1994年1月1日 |
| 澳洲 | 4月13日 | 1993年7月1日 |
| 泰國 | 12月23日 | 1993年1月1日 |
| 法國 | 1993年 2月10日 | 1994年7月1日 |
| 俄羅斯 | 5月20日 | ——— |
| 瑞典 | 1994年 3月24日 | 1995年1月1日 |
| 英國 | 4月 9日 | 1995年4月6日 |
| 韓國 | 5月20日 | 1995年1月1日 |
| 匈牙利 | 8月26日 | ——— |
| 波蘭 | 8月31日 | ——— |
| 印度 | 9月 7日 | 1996年4月1日 |
| 荷蘭 | 1995年 1月26日 | ——— |

出處：根據越南政府資料越南經濟研究所作成
註：1995年4月末

## 投資促進保護條約締結國名單

| 國、地區名 | 署　名　日 | 外國方面批准日 |
|---|---|---|
| 義大利 | 1990年 5月18日 | 1994年 2月16日 |
| 澳洲 | 1991年 3月 5日 | 1991年 8月12日 |
| 泰國 | 10月30日 | 1992年 1月 |
| 馬來西亞 | 1992年 1月21日 | 1992年11月 3日 |
| 比利時 | 1月24日 | ——— |
| 菲律賓 | 2月27日 | 1992年12月21日 |
| 德國 | 4月 3日 | 1993年 6月 8日 |
| 法國 | 5月26日 | 1994年 6月16日 |
| 瑞士 | 7月 3日 | 1994年 3月18日 |
| 貝拉露西 | 7月 8日 | 1994年10月 4日 |
| 印尼 | 10月25日 | 1993年12月24日 |
| 新加坡 | 10月29日 | 1992年12月18日 |
| 中國 | 12月 2日 | 1993年 9月 1日 |
| 亞美尼亞 | 12月13日 | ——— |
| 臺灣 | 1993年 4月21日 | ——— |
| 韓國 | 5月13日 | 1993年 8月 4日 |
| 丹麥 | 8月25日 | 1994年 5月19日 |
| 瑞典 | 9月 8日 | 1994年 8月 1日 |
| 芬蘭 | 9月13日 | ——— |
| 荷蘭 | 1994年 3月10日 | 1994年12月 6日 |
| 烏克蘭 | 6月 8日 | ——— |
| 俄羅斯 | 8月16日 | ——— |
| 匈牙利 | 8月26日 | ——— |
| 波蘭 | 8月31日 | ——— |
| 羅馬尼亞 | 9月 1日 | ——— |
| 奧地利 | 1995年 3月21日 | ——— |

出處：同上
註：同上

## 外國人及住在海外的越南人的入國者數

（單位：人）

| 區　　分 | | 1990 | 1991 | 1992 | 1993 |
|---|---|---|---|---|---|
| **外國人總數** | | 99,721 | 129,234 | 231,973 | 375,700 |
| 目　的 | 觀光 | 41,829 | 65,477 | 128,858 | 209,650 |
| | 從商 | 29,880 | 46,287 | 76,096 | 111,978 |
| | 其他 | 28,012 | 17,470 | 27,019 | 54,072 |
| 國、地區別 | 美國 | 5,579 | 8,949 | 13,078 | 23,361 |
| | 日本 | 6,144 | 11,656 | 17,343 | 29,683 |
| | 法國 | 6,273 | 11,454 | 16,991 | 47,683 |
| | 中國 | 196 | 3,928 | 2,150 | 8,352 |
| | 香港 | 13,856 | 13,228 | 13,230 | 15,224 |
| | 臺灣 | — | 20,290 | 63,666 | 95,077 |
| | 泰國 | 5,218 | 8,389 | 9,747 | 13,869 |
| | 英國 | — | — | 8,790 | 17,276 |
| | 其他 | 62,455 | 51,340 | 86,978 | 125,175 |
| **住在海外的越南人總數** | | 36,145 | 59,071 | 76,100 | 152,672 |
| 目　的 | 觀光、訪問 | 33,944 | 56,216 | 73,827 | 147,106 |
| | 做生意 | 2,201 | 2,855 | 2,273 | 5,566 |
| 國、地區別 | 美　國 | 16,003 | 23,960 | 35,114 | 78,024 |
| | 法　國 | 5,576 | 5,237 | 6,427 | 12,052 |
| | 澳　洲 | 5,481 | 9,266 | 10,051 | 19,904 |
| | 加拿大 | 3,663 | 5,673 | 7,107 | 11,144 |
| | 其　他 | 5,422 | 14,935 | 17,401 | 31,548 |

出處：出入境管理局

《資　料》

## 國別投資現況（實效數字）

（1995年5月4日）

| No. | 國及地區別 | 件數 | 投資總額（美元） |
|---|---|---|---|
| 1 | 臺　　　灣 | 187 | 2,526,371,714 |
| 2 | 香　　　港 | 171 | 2,037,320,333 |
| 3 | 日　　　本 | 89 | 1,356,395,325 |
| 4 | 新　加　坡 | 92 | 1,288,548,837 |
| 5 | 韓　　　國 | 12 | 1,082,133,987 |
| 6 | 澳　　　洲 | 45 | 678,342,485 |
| 7 | 馬 來 西 亞 | 38 | 630,847,887 |
| 8 | 美　　　國 | 33 | 525,204,145 |
| 9 | 法　　　國 | 61 | 515,572,374 |
| 10 | 瑞　　　士 | 15 | 493,869,458 |
| 11 | 荷　　　蘭 | 18 | 382,793,220 |
| 12 | 英　　　國 | 16 | 378,815,218 |
| 13 | 泰　　　國 | 48 | 295,179,046 |
| 14 | 巴　哈　馬 | 1 | 264,000,000 |
| 15 | 巴　　　金 | 16 | 220,397,662 |
| 16 | 印　　　尼 | 12 | 163,467,021 |
| 17 | 俄　羅　斯 | 34 | 139,330,300 |
| 18 | 加　拿　大 | 11 | 85,312,750 |
| 19 | 瑞　　　典 | 8 | 78,693,240 |
| 20 | 菲　律　賓 | 10 | 67,460,000 |
| 21 | 丹　　　麥 | 2 | 44,883,000 |
| 22 | 烏　克　蘭 | 5 | 43,493,622 |
| 23 | 奧　地　利 | 1 | 39,000,000 |
| 24 | 貝 拉 露 西 | 1 | 37,820,000 |
| 25 | 巴　拿　馬 | 6 | 36,050,400 |
| 26 | 中　　　國 | 26 | 35,252,196 |
| 27 | 義　大　利 | 4 | 27,800,100 |
| 28 | 德　　　國 | 8 | 24,982,543 |
| 29 | 紐　西　蘭 | 3 | 23,397,500 |
| 30 | 冰　　　島 | 8 | 23,372,748 |
| 31 | 其　　　他 | 34 | 140,241,643 |
|  | 合　　　計 | 1,115 | 13,686,348,754 |

出處：國家協助投資委員會（SCCI）

**外國人投資現況（1995年4月末）**

| | 件　數 | 投資總額 |
|---|---|---|
| 許　可　件　數 | 1324件 | 146億7726萬 222美元 |
| 中止（撤退）件數 | 198件 | 8億5523萬5468美元 |
| 終　了　件　數 | 11件 | 1億3567萬6000美元 |
| 實　效　件　數 | 1115件 | 136億8634萬8754美元 |

出處：越南計劃投資局

《資　料》

## 對日進口項目

（單位：1000美元）

| 項　目　名 | 1992 | 1993 | 1994 |
|---|---|---|---|
| 麵　粉 | 5,378 | 11,835 | 4,322 |
| 燈　油 | 7,448 | 3,783 | 8,165 |
| 輕　油 | 17,484 | 18,600 | 33,557 |
| 絲織品 | 2,068 | 3,544 | 7,353 |
| 棉製品 | 4,094 | 5,619 | 9,906 |
| 塑膠製成纖維製品 | 4,989 | 10,360 | 12,625 |
| 不織物 | 2,486 | 6,026 | 8,144 |
| 水泥（波特爾水泥除外） | 0 | 0 | 5,041 |
| 有機硫化合物 | 3,030 | 4,549 | 5,700 |
| 肥皂、有機界面活性劑 | 1,961 | 4,503 | 5,173 |
| 聚乙烯 | 640 | 1,184 | 8,461 |
| 聚氯乙烯(限於不會與其他物質混合者) | 441 | 4,538 | 7,655 |
| 白鐵板 | 2,831 | 7,163 | 9,146 |
| 鋅鋼板 | 909 | 5,360 | 2,803 |
| 合金板 | 2,644 | 7,286 | 6,610 |
| 船舶用及陸地用內燃機 | 3,538 | 5,649 | 11,246 |
| 縫衣機等 | 2,290 | 8,285 | 3,010 |
| 工業用機械 | 5,282 | 7,732 | 5,862 |
| 機械用鐵鏈 | 2,114 | 6,777 | 7,675 |
| 冷氣機 | 2,729 | 3,937 | 6,457 |
| 離心分離機、過濾機 | 829 | 7,024 | 1,968 |
| 附帶原動機的發電機 | 3,637 | 9,097 | 4,661 |
| 彩色電視 | 38,879 | 10,947 | 2,632 |
| 交換機 | 4 | 4,296 | 17,075 |
| 無線通信裝置 | 1,612 | 2,863 | 5,189 |
| 絶緣電線 | 1,529 | 5,015 | 8,251 |
| 乘用車（100cc～200cc以下） | 14,507 | 15,328 | 9,403 |
| 乘用車（超過200cc） | 24,202 | 51,623 | 15,357 |
| 乘用車（裝配） | 3,078 | 3,143 | 6,837 |
| 巴士（完成車） | 2,710 | 23,321 | 32,883 |
| 機車（完成車） | 34,044 | 83,479 | 33,229 |
| 機車（裝配） | 0 | 1,462 | 11,371 |
| 其他 | 253,171 | 294,633 | 325,790 |
| 總　　計 | 450,558 | 638,961 | 643,557 |

出處：根據日本通商產業省通商白皮書，由越南經濟研究所作成。

## 對曰出口項目

（單位100美元）

| 項目名 | 1992 | 1993 | 1994 |
|---|---|---|---|
| 蝦 | 105,858 | 145,713 | 196,513 |
| 花枝 | 4,534 | 8,185 | 14,817 |
| 蟹 | 1,606 | 2,242 | 8,975 |
| 花枝（燻製，罐頭以外的加工品） | 11,093 | 9,581 | 12,234 |
| 咖啡豆 | 4,128 | 6,018 | 22,385 |
| 鈦礦 | 3,133 | 2,667 | 5,589 |
| 天然橡膠 | 37 | 1,270 | 2,977 |
| 生橡膠 | 2,267 | 4,829 | 4,798 |
| 其他製材 | 1,534 | 2,148 | 2,252 |
| 骨及骨芯（未加工者） | 5,263 | 5,309 | 5,089 |
| 香料用、醫療用等植物原材料 | 19,623 | 18,996 | 26,872 |
| 無煙煤 | 521,212 | 529,836 | 549,704 |
| 原油及粗油 | 12,011 | 21,220 | 33,212 |
| 亞麻布、帆布等 | 83 | 0 | 1,940 |
| 男用外套 | 30,983 | 53,219 | 62,878 |
| 女用外套 | 4,731 | 9,392 | 12,149 |
| 男用西服 | 7,952 | 13,259 | 23,081 |
| 女用西服 | 1,475 | 7,471 | 8,006 |
| 女用襯衫 | 952 | 2,803 | 3,532 |
| 男用內衣褲 | 5,107 | 7,985 | 12,782 |
| 胸罩、胸衣等 | 0 | 1,878 | 6,672 |
| 手套 | 2,078 | 5,329 | 5,778 |
| 其他衣物附屬品 | 749 | 1,543 | 2,139 |
| 毛衣類 | 6,761 | 20,655 | 24,598 |
| 內衣褲類 | 4,314 | 5,552 | 6,912 |
| 木片 | 3,161 | 3,258 | 10,181 |
| 木製家具（包括部分品在內） | 831 | 2,822 | 7,373 |
| 椅子及其零件 | 237 | 184 | 1,790 |
| 寢具類 | 0 | 4,342 | 12,585 |
| 旅行用具及化妝盒 | 1,881 | 6,913 | 18,725 |
| 稻草、竹子等製品 | 1,269 | 2,268 | 2,729 |
| 其他 | 104,691 | 161,845 | 241,171 |
| 統計 | 869,554 | 1,068,732 | 1,350,438 |

出處：根據日本通商產業部通商白皮書，由越南經濟研究所作成

《資　料》

## 越南政府機構圖（1995年10月21日修正）

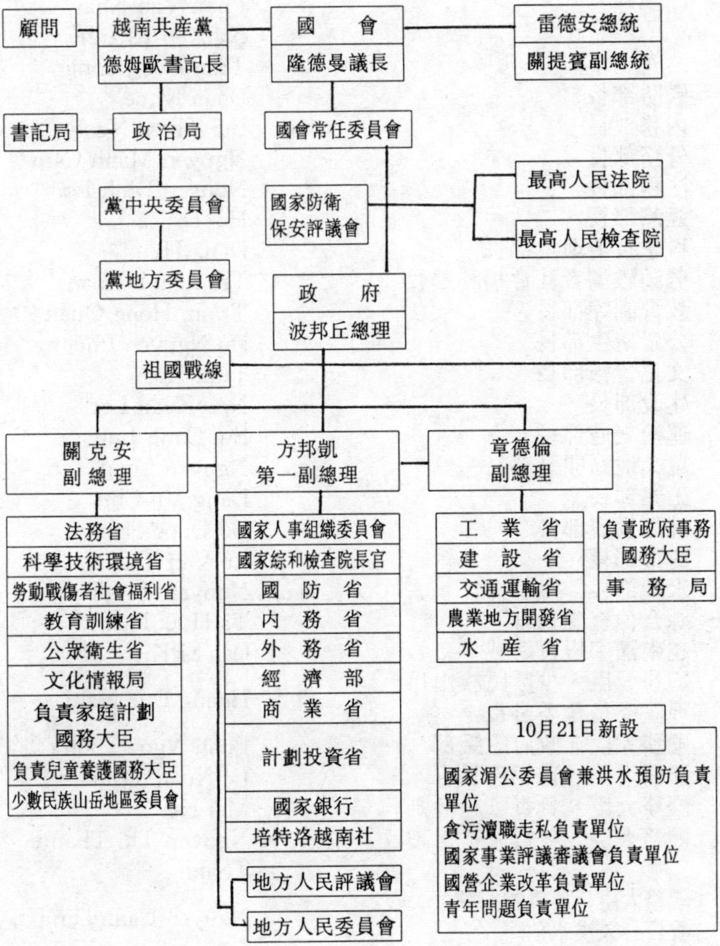
顧問
越南共產黨
德姆歐書記長
國　　會
隆德曼議長
雷德安總統
關提賓副總統
書記局
政 治 局
國會常任委員會
最高人民法院
國家防衛
保安評議會
最高人民檢查院
黨中央委員會
黨地方委員會
政　　府
波邦丘總理
祖國戰線
關 克 安
副 總 理
方邦凱
第一副總理
章德倫
副總理
法務省
科學技術環境省
勞動戰傷者社會福利省
教育訓練省
公衆衛生省
文化情報局
負責家庭計劃
國務大臣
負責兒童養護國務大臣
少數民族山岳地區委員會
國家人事組織委員會
國家綜和檢查院長官
國　防　省
內　務　省
外　務　省
經　濟　部
商　業　省
計劃投資省
國家銀行
培特洛越南社
地方人民評議會
地方人民委員會
工　業　省
建　設　省
交通運輸省
農業地方開發省
水　產　省
負責政府事務
國務大臣
事　務　局
10月21日新設
國家湄公委員會兼洪水預防負責單位
貪污瀆職走私負責單位
國家事業評議審議會負責單位
國營企業改革負責單位
青年問題負責單位

## 行政改革後的閣僚人事（1995年10月21日修訂）

| | |
|---|---|
| 總理 | Vo Van Kiet |
| 副總理 | Phan Van Khai |
| | Nguyen Khanh |
| | Tran Duc Luong |
| 國防部長 | Doan Khue |
| 内務部長 | Bui Thien Ngo |
| 外務部長 | Nguyen Manh Cam |
| 法務部長 | Nguyen Dinh Loc |
| 經濟部長 | Ho Te |
| 科學技術環境部長 | Dang Huu |
| 勞動戰傷者社會福利部長 | Tran Dinh Hoan |
| 教育訓練部長 | Trann Hong Quan |
| 公衆衛生部長 | Do Nguyen Phuong |
| 文化情報部長 | Tran Hoan |
| 建設部長 | Ngo Xuan Loc |
| 運輸交通部長 | Bui Danh Luu |
| 農業地區開發部長 | Nguyen Cong Tan |
| 工業部長 | Dang Vu Chu |
| 計劃投資部長 | Do Quoc Sam |
| 商業部長 | Le Van Triet |
| 水産部長 | Nguyen Tan Trinh |
| 綜合檢查院長官 | Ta Huu Thanh |
| 越南國家銀行總裁 | Cao Si Kien |
| 國務大臣、少數民族山岳地區委員會委員長 | Hoang Duc Nghi |
| 國務大臣、政府組織部 | Phan Ngoc Tuong |
| 國務大臣、首相府長官 | Le Xuan Trinh |
| 國務大臣、負責家庭計劃 | Mai Ky |
| 國務大臣、負責兒童保護 | Nguyen Thi Thanh Thanh |
| 國務大臣、負責國家湄公委員會兼洪水預防 | Nguyen Canh Dinh |
| 國務大臣、負責貪污瀆職走私對策 | Nguyen Ky Cam |
| 國務大臣、負責國家事務評議審議會 | Dau Ngoc Xuan |
| 國務大臣、負責國營企業改革 | Phan Van Tiem |
| 國務大臣、負責青年問題 | Ha Qyuang Du |

# 《越南史略年表》

**【一九四〇—四五年】**

**日本佔領時代**

一九四〇年　日軍進駐北越

一九四一年　日軍進駐南越

一九四四年　成立越南人民解放軍

日軍政變，解除法印軍隊武裝

**【一九四五—五四年】**

**八月革命（獨立）第一次印度支那戰爭時代**

一九四五年　八月革命（八月十五日）

日軍解除武裝（九月）

越南民主共和國誕生（九月二日）

得到法軍、英軍支援進攻南越（九月），南越這時展開抗法運動。胡志明

一九四六年　主席表明支援抗法活動
展開第一次印度支那戰爭（十二月）
一九五〇年　中國與蘇聯承認北越政權
美國承認法國所擁有的南越的傀儡政權
一九五四年　法軍在丁兵夫戰役中大敗（五月）
簽定日內瓦協定（七月），越南以十七度線分為南北越

**【一九五五—六〇年】**
**建國時代**

一九五五年　越南共和國（南越）發表建國宣言（十月），親美、反共的古金傑總統就任
北越開始「土地改革與經濟復興三年計劃」
一九五八年　北越提出「農業集團化、工商業公司合營化以及經濟文化發展三年計劃」
中國、北越簽定經濟技術援助協定（三月）
一九五九年　蘇聯、北越簽定經濟技術援助協定（三月）

一九六〇年　日本、南越簽定賠償協定（五月）
公布六〇年憲法（規定越南再統一）（一月）
南越民族解放戰線成立（十二月）

**【一九六一—七五年】**

**越戰時代**

一九六一年　美軍開始在越南準備特殊戰車
一九六二年　南越結成人民革命黨（由北越主導）（一月）
美國正式設立南越援助軍指揮部（二月）
一九六三年　南越發生政變（十一月），暗殺古金傑總統
甘廼迪總統被暗殺（十一月）
一九六四年　發生東京灣事件（八月），美國正式介入越南
一九六五年　韓國戰鬥部隊派駐到越南（一月）
美國正式開始轟炸北越（三月），海軍在達南登陸
美國國內掀起反越戰示威遊行（十月）

一九六七年　佐藤榮作首相訪問越南（十月）
一九六八年　南越民族解放戰線勢力發動攻勢（一月）
松米村虐殺事件（三月）
在巴黎開始美國與北越二國之間的交涉（巴黎和平交涉）（五月）
詹森總統發表停止砲轟北越及其他的砲擊（十月）
一九六九年　在巴黎開始四者擴大會談（一月）
民族民主和平勢力聯盟成立（四月）
南越建立臨時改革政府（六月）
尼克森總統發表美軍撤退（六月），開始第一次撤退（七月）
胡志明總統逝世（九月）
一九七〇年　在柬埔寨發生政變（三月），相努克總統失勢
美軍與南越軍開始進攻柬埔寨作戰（五月）
一九七一年　南越軍開始進攻寮國作戰（二月）
一九七二年　尼克森總統訪問中國（二月）
美軍再次轟炸北越，並發表以魚雷封鎖北越全部港灣（五月）

一九七三年　尼克森總統訪問蘇聯（五月）

一九七三年　簽定巴黎和平協議（一月）

日本和越南民主共和國（河內政府）建立邦交（九月）

一九七五年　西貢淪陷，南越政權瓦解（四月）

在河內市開設日本大使館

**【一九七六—八五年】**

**雖然達成統一，但是卻是貧困與窮乏的時代**

**以社會主義早期實現爲目標的時代**

**依賴蘇聯經濟援助的時代**

**摸索與中南半島三國共存的時代**

一九七六年　南北越進行統一選舉（四月）

成立越南社會主義共和國（七月）

一九七七年　加盟聯合國（九月）

一九七八年　中越邊境發生糾紛（二月）

簽定蘇越友好協定條約（十一月）

一九七九年　越軍進攻柬埔寨（十二月）

越軍攻陷柬埔寨首都金邊（一月），建立汗沙姆林政權代替普爾普特政權

中國軍隊進攻越南（二月）

越南、柬埔寨簽定友好協助條約（二月）

中國軍隊從越南全面撤退（三月）

一九八〇年　日本政府決定凍結對越經濟援助一百四十億日幣（三月）

公布越南社會主義共和國憲法（也稱爲八〇年憲法）（十二月）

一九八二年　一部分越軍從柬埔寨撤退（四月）

日越友好代表團訪越（九月）

一九八三年　針對越南、柬埔寨國際問題簽定協議（七月）

一九八四年　日本政府決定兩千萬日幣的無償文化援助（一月）

一九八五年　日越友好議員聯盟代表團訪問越南（一月）

關於ＭＩＡ問題召開正式會議（四月）

## 【一九八六年──】從導入刷新政策到穩定

一九八六年　允許小規模、個人企業（私企業）的經營

第六屆越南共產黨大會決議採行刷新政策路線（十二月）

一九八七年　貝西特使訪問越南（八月），針對MIA問題達成協議

一九八八年　公布新外資法（一月）

在南沙群島發生中越艦船武力衝突事件（三月）

北越發生糧食危機（四月）

公布政治局第十號協議（關於農業經濟管理刷新政策）

日越友好議員聯盟代表團訪越（六月）

南部地方（主要是湄公河三角洲地帶）發生農民暴動（十一月）

中國軍隊從國境地帶完全撤退（十二月）

一九八九年　進行中越正式邦交的非正式交涉（一月）

一九九〇年　舉行美越第一次正式會議（八月）

一九九一年　實質停止來自蘇聯的經濟援助（一月）

提示美越建立正式邦交的藍圖（四月）
在第七屆越南共產黨大會中確認刷新政策爲國家的基本政策（六月）
中越建立正式邦交（十一月）
美越針對建立正式邦交問題進行交涉（十一月在聯合國本部）
提出第五次五年經濟化（十二月）
①確認二十一世紀的越南像
②確認促進刷新政策

一九九二年　公布修改憲法（四月）
由修改後的選舉區進行國會議員選舉（七月）
日本政府決定撥款四五五億日幣，當成政府開發援助（ＯＤＡ），即日實施（十一月）
美國解除一部分的經濟制裁（十二月）
貿易收支轉爲順差（十二月）

一九九三年　法國總統密特朗訪問越南（二月），簽定法越協助協定
波邦丘總理訪日（三月）

簽定德越投資促進保護協定（四月）

華盛頓郵報獨家報導ＰＯＷ（俘虜）秘密文件（四月）

貝西特使因爲ＰＯＷ問題訪越（四月）

簽定台越投資保護協定（四月）

美國允許國際金融機構對越南的融資再開（八月）

美國解除一部分對越經濟制裁，接受國際金融機構融資的越南開發計劃，允許美國企業參加（九月）。因爲ＭＩＡ問題未解決，因此繼續禁運措施

雷德安總統正式訪問中國（十一月）

決議在越南舉行第九期第四屆國會的九四年的任務、立法、預算等（十二月）

一九九四年

美國太平洋軍隊司令官海軍上將拉森（ＭＩＡ問題的美方負責人）正式訪問越南（一月）

同意開始歸還在越南的美國資產協議（一月）

美國三位參議院議員對參議院提出對越經濟制裁即時解除的決議案（一月）

美國第二十七次ＭＩＡ調查團，發表調查終了（一月）
越南共產黨召開臨時黨大會，決議①確立刷新路線，以及②早期改善對美關係（一月）
柯林頓總統發表全面解除對越經濟制裁（二月）
亞吉特·辛亞席安事務局長訪越（二月）
新加坡總理哥丘頓訪越（三月）
泰國總理丘安里克訪越（三月）
菲律賓總統羅慕斯訪越（三月）
越南書記長德姆歐訪問馬來西亞（三月）
越南波邦丘總理訪問緬甸，就貿易與觀光產業協助等事宜簽定協議（五月）
中國基於南沙群島的領有問題，警告越南「侵害主權」（六月）
對中國主權侵害的警告，越南提出強烈反駁的立場（六月）
越南國會通過勞工具有罷工權的勞動法（六月）
三菱石油發現越南海案的海底油田（六月）

澳洲的議會代表團訪越會議，因爲牽扯到人權問題，由於澳洲與越南的立場對立，所以中止派遣代表團（七月）
ASEAN外相會議承認越南加盟東南亞國家聯盟（七月）
在中越國境附近的海上發生越南艦艇和中國漁船槍擊戰的軍事衝突（七月）
寮國總統奴哈克·布姆沙旺訪越（八月）
日本村山首相訪越，對於刷新政策給與好評。同時提供①六百億美元的ODA，②七十七億美元的無償援助，③對越投資保險的再開，④保證促進人材交流（八月）
討論南沙群島法律問題的六國專家會議在印尼召開，越南也派遣專家出席（十月）
臺灣在南沙群島設置氣象觀測站（十月）
禁止美元等外國貨幣的使用，實施越南貨幣盾（Dong）的流通貨幣一貫化政策（十月）
日本（關西機場）與越南（胡志明機場）間的直行定期班機起航（十一

月）
中國國家主席江澤民訪越（十一月）

一九九五年 美越發表正式邦交（七月）
正式加盟ＡＳＥＡＮ（七月）
國務卿克里斯多福訪越簽定正式邦交（八月）

## 窪田光純

一九三四年出生。

畢業於日本北海道大學。曾任海外駐在員，現任海外經濟調查會常務理事、主任研究員（負責中國、中亞問題），爲越南經濟研究所副所長、主任研究員（負責投資環境調查）、中小企業調查海外投資顧問（負責越南方面）。

主要著書包括『刷新政策的國家越南』、『越南投資指南』。

| 大展出版社有限公司 | 圖書目錄 |
|---|---|
| 地址：台北市北投區11204<br>致遠一路二段12巷1號<br>郵撥：0166955～1 | 電話：(02)8236031<br>8236033<br>傳眞：(02)8272069 |


## •法律專欄連載•電腦編號58

台大法學院 法律學系／策劃 法律服務社／編著

| | |
|---|---|
| ①別讓您的權利睡著了[1] | 200元 |
| ②別讓您的權利睡著了[2] | 200元 |

## •秘傳占卜系列•電腦編號14

| | | |
|---|---|---|
| ①手相術 | 淺野八郎著 | 150元 |
| ②人相術 | 淺野八郎著 | 150元 |
| ③西洋占星術 | 淺野八郎著 | 150元 |
| ④中國神奇占卜 | 淺野八郎著 | 150元 |
| ⑤夢判斷 | 淺野八郎著 | 150元 |
| ⑥前世、來世占卜 | 淺野八郎著 | 150元 |
| ⑦法國式血型學 | 淺野八郎著 | 150元 |
| ⑧靈感、符咒學 | 淺野八郎著 | 150元 |
| ⑨紙牌占卜學 | 淺野八郎著 | 150元 |
| ⑩ＥＳＰ超能力占卜 | 淺野八郎著 | 150元 |
| ⑪猶太數的秘術 | 淺野八郎著 | 150元 |
| ⑫新心理測驗 | 淺野八郎著 | 160元 |
| ⑬塔羅牌預言秘法 | 淺野八郎著 | 200元 |

## •趣味心理講座•電腦編號15

| | | | |
|---|---|---|---|
| ①性格測驗１ | 探索男與女 | 淺野八郎著 | 140元 |
| ②性格測驗２ | 透視人心奥秘 | 淺野八郎著 | 140元 |
| ③性格測驗３ | 發現陌生的自己 | 淺野八郎著 | 140元 |
| ④性格測驗４ | 發現你的真面目 | 淺野八郎著 | 140元 |
| ⑤性格測驗５ | 讓你們吃驚 | 淺野八郎著 | 140元 |
| ⑥性格測驗６ | 洞穿心理盲點 | 淺野八郎著 | 140元 |
| ⑦性格測驗７ | 探索對方心理 | 淺野八郎著 | 140元 |
| ⑧性格測驗８ | 由吃認識自己 | 淺野八郎著 | 160元 |

| | | | |
|---|---|---|---|
| ⑨性格測驗9 | 戀愛知多少 | 淺野八郎著 | 160元 |
| ⑩性格測驗10 | 由裝扮瞭解人心 | 淺野八郎著 | 160元 |
| ⑪性格測驗11 | 敲開內心玄機 | 淺野八郎著 | 140元 |
| ⑫性格測驗12 | 透視你的未來 | 淺野八郎著 | 160元 |
| ⑬血型與你的一生 | | 淺野八郎著 | 160元 |
| ⑭趣味推理遊戲 | | 淺野八郎著 | 160元 |
| ⑮行爲語言解析 | | 淺野八郎著 | 160元 |

## •婦 幼 天 地• 電腦編號16

| | | |
|---|---|---|
| ①八萬人減肥成果 | 黃靜香譯 | 180元 |
| ②三分鐘減肥體操 | 楊鴻儒譯 | 150元 |
| ③窈窕淑女美髮秘訣 | 柯素娥譯 | 130元 |
| ④使妳更迷人 | 成　玉譯 | 130元 |
| ⑤女性的更年期 | 官舒妍編譯 | 160元 |
| ⑥胎內育兒法 | 李玉瓊編譯 | 150元 |
| ⑦早產兒袋鼠式護理 | 唐岱蘭譯 | 200元 |
| ⑧初次懷孕與生產 | 婦幼天地編譯組 | 180元 |
| ⑨初次育兒12個月 | 婦幼天地編譯組 | 180元 |
| ⑩斷乳食與幼兒食 | 婦幼天地編譯組 | 180元 |
| ⑪培養幼兒能力與性向 | 婦幼天地編譯組 | 180元 |
| ⑫培養幼兒創造力的玩具與遊戲 | 婦幼天地編譯組 | 180元 |
| ⑬幼兒的症狀與疾病 | 婦幼天地編譯組 | 180元 |
| ⑭腿部苗條健美法 | 婦幼天地編譯組 | 180元 |
| ⑮女性腰痛別忽視 | 婦幼天地編譯組 | 150元 |
| ⑯舒展身心體操術 | 李玉瓊編譯 | 130元 |
| ⑰三分鐘臉部體操 | 趙薇妮著 | 160元 |
| ⑱生動的笑容表情術 | 趙薇妮著 | 160元 |
| ⑲心曠神怡減肥法 | 川津祐介著 | 130元 |
| ⑳內衣使妳更美麗 | 陳玄茹譯 | 130元 |
| ㉑瑜伽美姿美容 | 黃靜香編著 | 180元 |
| ㉒高雅女性裝扮學 | 陳珮玲譯 | 180元 |
| ㉓蠶糞肌膚美顏法 | 坂梨秀子著 | 160元 |
| ㉔認識妳的身體 | 李玉瓊譯 | 160元 |
| ㉕產後恢復苗條體態 | 居理安・芙萊喬著 | 200元 |
| ㉖正確護髮美容法 | 山崎伊久江著 | 180元 |
| ㉗安琪拉美姿養生學 | 安琪拉蘭斯博瑞著 | 180元 |
| ㉘女體性醫學剖析 | 增田豐著 | 220元 |
| ㉙懷孕與生產剖析 | 岡部綾子著 | 180元 |
| ㉚斷奶後的健康育兒 | 東城百合子著 | 220元 |
| ㉛引出孩子幹勁的責罵藝術 | 多湖輝著 | 170元 |

| | | |
|---|---|---|
| ㉜培養孩子獨立的藝術 | 多湖輝著 | 170元 |
| ㉝子宮肌瘤與卵巢囊腫 | 陳秀琳編著 | 180元 |
| ㉞下半身減肥法 | 納他夏・史達賓著 | 180元 |
| ㉟女性自然美容法 | 吳雅菁編著 | 180元 |
| ㊱再也不發胖 | 池園悅太郎著 | 170元 |
| ㊲生男生女控制術 | 中垣勝裕著 | 220元 |
| ㊳使妳的肌膚更亮麗 | 楊　皓編著 | 170元 |
| ㊴臉部輪廓變美 | 芝崎義夫著 | 180元 |
| ㊵斑點、皺紋自己治療 | 高須克彌著 | 180元 |
| ㊶面皰自己治療 | 伊藤雄康著 | 180元 |
| ㊷隨心所欲瘦身冥想法 | 原久子著 | 180元 |
| ㊸胎兒革命 | 鈴木丈織著 | 180元 |
| ㊹NS磁氣平衡法塑造窈窕奇蹟 | 古屋和江著 | 180元 |
| ㊺享瘦從腳開始 | 山田陽子著 | 180元 |
| ㊻小改變瘦4公斤 | 宮本裕子著 | 180元 |

## ・青 春 天 地・電腦編號 17

| | | |
|---|---|---|
| ①A血型與星座 | 柯素娥編譯 | 160元 |
| ②B血型與星座 | 柯素娥編譯 | 160元 |
| ③O血型與星座 | 柯素娥編譯 | 160元 |
| ④AB血型與星座 | 柯素娥編譯 | 120元 |
| ⑤青春期性教室 | 呂貴嵐編譯 | 130元 |
| ⑥事半功倍讀書法 | 王毅希編譯 | 150元 |
| ⑦難解數學破題 | 宋釗宜編譯 | 130元 |
| ⑧速算解題技巧 | 宋釗宜編譯 | 130元 |
| ⑨小論文寫作秘訣 | 林顯茂編譯 | 120元 |
| ⑪中學生野外遊戲 | 熊谷康編著 | 120元 |
| ⑫恐怖極短篇 | 柯素娥編譯 | 130元 |
| ⑬恐怖夜話 | 小毛驢編譯 | 130元 |
| ⑭恐怖幽默短篇 | 小毛驢編譯 | 120元 |
| ⑮黑色幽默短篇 | 小毛驢編譯 | 120元 |
| ⑯靈異怪談 | 小毛驢編譯 | 130元 |
| ⑰錯覺遊戲 | 小毛驢編譯 | 130元 |
| ⑱整人遊戲 | 小毛驢編著 | 150元 |
| ⑲有趣的超常識 | 柯素娥編譯 | 130元 |
| ⑳哦！原來如此 | 林慶旺編譯 | 130元 |
| ㉑趣味競賽100種 | 劉名揚編譯 | 120元 |
| ㉒數學謎題入門 | 宋釗宜編譯 | 150元 |
| ㉓數學謎題解析 | 宋釗宜編譯 | 150元 |
| ㉔透視男女心理 | 林慶旺編譯 | 120元 |

| | | |
|---|---|---|
| ㉕少女情懷的自白 | 李桂蘭編譯 | 120元 |
| ㉖由兄弟姊妹看命運 | 李玉瓊編譯 | 130元 |
| ㉗趣味的科學魔術 | 林慶旺編譯 | 150元 |
| ㉘趣味的心理實驗室 | 李燕玲編譯 | 150元 |
| ㉙愛與性心理測驗 | 小毛驢編譯 | 130元 |
| ㉚刑案推理解謎 | 小毛驢編譯 | 130元 |
| ㉛偵探常識推理 | 小毛驢編譯 | 130元 |
| ㉜偵探常識解謎 | 小毛驢編譯 | 130元 |
| ㉝偵探推理遊戲 | 小毛驢編譯 | 130元 |
| ㉞趣味的超魔術 | 廖玉山編著 | 150元 |
| ㉟趣味的珍奇發明 | 柯素娥編著 | 150元 |
| ㊱登山用具與技巧 | 陳瑞菊編著 | 150元 |

## •健康天地• 電腦編號 18

| | | |
|---|---|---|
| ①壓力的預防與治療 | 柯素娥編譯 | 130元 |
| ②超科學氣的魔力 | 柯素娥編譯 | 130元 |
| ③尿療法治病的神奇 | 中尾良一著 | 130元 |
| ④鐵證如山的尿療法奇蹟 | 廖玉山譯 | 120元 |
| ⑤一日斷食健康法 | 葉慈容編譯 | 150元 |
| ⑥胃部強健法 | 陳炳崑譯 | 120元 |
| ⑦癌症早期檢查法 | 廖松濤譯 | 160元 |
| ⑧老人痴呆症防止法 | 柯素娥編譯 | 130元 |
| ⑨松葉汁健康飲料 | 陳麗芬編譯 | 130元 |
| ⑩揉肚臍健康法 | 永井秋夫著 | 150元 |
| ⑪過勞死、猝死的預防 | 卓秀貞編譯 | 130元 |
| ⑫高血壓治療與飲食 | 藤山順豐著 | 150元 |
| ⑬老人看護指南 | 柯素娥編譯 | 150元 |
| ⑭美容外科淺談 | 楊啟宏著 | 150元 |
| ⑮美容外科新境界 | 楊啟宏著 | 150元 |
| ⑯鹽是天然的醫生 | 西英司郎著 | 140元 |
| ⑰年輕十歲不是夢 | 梁瑞麟譯 | 200元 |
| ⑱茶料理治百病 | 桑野和民著 | 180元 |
| ⑲綠茶治病寶典 | 桑野和民著 | 150元 |
| ⑳杜仲茶養顏減肥法 | 西田博著 | 150元 |
| ㉑蜂膠驚人療效 | 瀨長良三郎著 | 180元 |
| ㉒蜂膠治百病 | 瀨長良三郎著 | 180元 |
| ㉓醫藥與生活 | 鄭炳全著 | 180元 |
| ㉔鈣長生寶典 | 落合敏著 | 180元 |
| ㉕大蒜長生寶典 | 木下繁太郎著 | 160元 |
| ㉖居家自我健康檢查 | 石川恭三著 | 160元 |

| | | |
|---|---|---|
| ㉗永恒的健康人生 | 李秀鈴譯 | 200元 |
| ㉘大豆卵磷脂長生寶典 | 劉雪卿譯 | 150元 |
| ㉙芳香療法 | 梁艾琳譯 | 160元 |
| ㉚醋長生寶典 | 柯素娥譯 | 180元 |
| ㉛從星座透視健康 | 席拉・吉蒂斯著 | 180元 |
| ㉜愉悅自在保健學 | 野本二士夫著 | 160元 |
| ㉝裸睡健康法 | 丸山淳士等著 | 160元 |
| ㉞糖尿病預防與治療 | 藤田順豐著 | 180元 |
| ㉟維他命長生寶典 | 菅原明子著 | 180元 |
| ㊱維他命C新效果 | 鐘文訓編 | 150元 |
| ㊲手、腳病理按摩 | 堤芳朗著 | 160元 |
| ㊳AIDS瞭解與預防 | 彼得塔歇爾著 | 180元 |
| ㊴甲殼質殼聚糖健康法 | 沈永嘉譯 | 160元 |
| ㊵神經痛預防與治療 | 木下眞男著 | 160元 |
| ㊶室內身體鍛鍊法 | 陳炳崑編著 | 160元 |
| ㊷吃出健康藥膳 | 劉大器編著 | 180元 |
| ㊸自我指壓術 | 蘇燕謀編著 | 160元 |
| ㊹紅蘿蔔汁斷食療法 | 李玉瓊編著 | 150元 |
| ㊺洗心術健康秘法 | 竺翠萍編譯 | 170元 |
| ㊻枇杷葉健康療法 | 柯素娥編譯 | 180元 |
| ㊼抗衰血癒 | 楊啟宏著 | 180元 |
| ㊽與癌搏鬥記 | 逸見政孝著 | 180元 |
| ㊾冬蟲夏草長生寶典 | 高橋義博著 | 170元 |
| ㊿痔瘡・大腸疾病先端療法 | 宮島伸宜著 | 180元 |
| (51)膠布治癒頑固慢性病 | 加瀨建造著 | 180元 |
| (52)芝麻神奇健康法 | 小林貞作著 | 170元 |
| (53)香煙能防止癡呆？ | 高田明和著 | 180元 |
| (54)穀菜食治癌療法 | 佐藤成志著 | 180元 |
| (55)貼藥健康法 | 松原英多著 | 180元 |
| (56)克服癌症調和道呼吸法 | 帶津良一著 | 180元 |
| (57)B型肝炎預防與治療 | 野村喜重郎著 | 180元 |
| (58)青春永駐養生導引術 | 早島正雄著 | 180元 |
| (59)改變呼吸法創造健康 | 原久子著 | 180元 |
| (60)荷爾蒙平衡養生秘訣 | 出村博著 | 180元 |
| (61)水美肌健康法 | 井戶勝富著 | 170元 |
| (62)認識食物掌握健康 | 廖梅珠編著 | 170元 |
| (63)痛風劇痛消除法 | 鈴木吉彥著 | 180元 |
| (64)酸莖菌驚人療效 | 上田明彥著 | 180元 |
| (65)大豆卵磷脂治現代病 | 神津健一著 | 200元 |
| (66)時辰療法——危險時刻凌晨4時 | 呂建強等著 | 180元 |
| (67)自然治癒力提升法 | 帶津良一著 | 180元 |

| | | |
|---|---|---|
| ⑱巧妙的氣保健法 | 藤平墨子著 | 180元 |
| ⑲治癒C型肝炎 | 熊田博光著 | 180元 |
| ⑳肝臟病預防與治療 | 劉名揚編著 | 180元 |
| ㉑腰痛平衡療法 | 荒井政信著 | 180元 |
| ㉒根治多汗症、狐臭 | 稻葉益巳著 | 220元 |
| ㉓40歲以後的骨質疏鬆症 | 沈永嘉譯 | 180元 |
| ㉔認識中藥 | 松下一成著 | 180元 |
| ㉕認識氣的科學 | 佐佐木茂美著 | 180元 |
| ㉖我戰勝了癌症 | 安田伸著 | 180元 |
| ㉗斑點是身心的危險信號 | 中野進著 | 180元 |
| ㉘艾波拉病毒大震撼 | 玉川重德著 | 180元 |
| ㉙重新還我黑髮 | 桑名隆一郎著 | 180元 |
| ㉚身體節律與健康 | 林博史著 | 180元 |
| ㉛生薑治萬病 | 石原結實著 | 180元 |
| ㉜靈芝治百病 | 陳瑞東著 | 180元 |
| ㉝木炭驚人的威力 | 大槻彰著 | 200元 |
| ㉞認識活性氧 | 井土貴司著 | 180元 |
| ㉟深海鮫治百病 | 廖玉山編著 | 180元 |
| ㊱神奇的蜂王乳 | 井上丹治著 | 180元 |

## ・實用女性學講座・電腦編號 19

| | | |
|---|---|---|
| ①解讀女性內心世界 | 島田一男著 | 150元 |
| ②塑造成熟的女性 | 島田一男著 | 150元 |
| ③女性整體裝扮學 | 黃靜香編著 | 180元 |
| ④女性應對禮儀 | 黃靜香編著 | 180元 |
| ⑤女性婚前必修 | 小野十傳著 | 200元 |
| ⑥徹底瞭解女人 | 田口二州著 | 180元 |
| ⑦拆穿女性謊言88招 | 島田一男著 | 200元 |
| ⑧解讀女人心 | 島田一男著 | 200元 |
| ⑨俘獲女性絕招 | 志賀貢著 | 200元 |

## ・校園系列・電腦編號 20

| | | |
|---|---|---|
| ①讀書集中術 | 多湖輝著 | 150元 |
| ②應考的訣竅 | 多湖輝著 | 150元 |
| ③輕鬆讀書贏得聯考 | 多湖輝著 | 150元 |
| ④讀書記憶秘訣 | 多湖輝著 | 150元 |
| ⑤視力恢復！超速讀術 | 江錦雲譯 | 180元 |
| ⑥讀書36計 | 黃柏松編著 | 180元 |
| ⑦驚人的速讀術 | 鐘文訓編著 | 170元 |

| | | |
|---|---|---|
| ⑧學生課業輔導良方 | 多湖輝著 | 180元 |
| ⑨超速讀超記憶法 | 廖松濤編著 | 180元 |
| ⑩速算解題技巧 | 宋釗宜編著 | 200元 |
| ⑪看圖學英文 | 陳炳崑編著 | 200元 |

## • 實用心理學講座 • 電腦編號 21

| | | |
|---|---|---|
| ①拆穿欺騙伎倆 | 多湖輝著 | 140元 |
| ②創造好構想 | 多湖輝著 | 140元 |
| ③面對面心理術 | 多湖輝著 | 160元 |
| ④僞裝心理術 | 多湖輝著 | 140元 |
| ⑤透視人性弱點 | 多湖輝著 | 140元 |
| ⑥自我表現術 | 多湖輝著 | 180元 |
| ⑦不可思議的人性心理 | 多湖輝著 | 180元 |
| ⑧催眠術入門 | 多湖輝著 | 150元 |
| ⑨責罵部屬的藝術 | 多湖輝著 | 150元 |
| ⑩精神力 | 多湖輝著 | 150元 |
| ⑪厚黑說服術 | 多湖輝著 | 150元 |
| ⑫集中力 | 多湖輝著 | 150元 |
| ⑬構想力 | 多湖輝著 | 150元 |
| ⑭深層心理術 | 多湖輝著 | 160元 |
| ⑮深層語言術 | 多湖輝著 | 160元 |
| ⑯深層說服術 | 多湖輝著 | 180元 |
| ⑰掌握潛在心理 | 多湖輝著 | 160元 |
| ⑱洞悉心理陷阱 | 多湖輝著 | 180元 |
| ⑲解讀金錢心理 | 多湖輝著 | 180元 |
| ⑳拆穿語言圈套 | 多湖輝著 | 180元 |
| ㉑語言的內心玄機 | 多湖輝著 | 180元 |
| ㉒積極力 | 多湖輝著 | 180元 |

## • 超現實心理講座 • 電腦編號 22

| | | |
|---|---|---|
| ①超意識覺醒法 | 詹蔚芬編譯 | 130元 |
| ②護摩秘法與人生 | 劉名揚編譯 | 130元 |
| ③秘法！超級仙術入門 | 陸　明譯 | 150元 |
| ④給地球人的訊息 | 柯素娥編著 | 150元 |
| ⑤密教的神通力 | 劉名揚編著 | 130元 |
| ⑥神秘奇妙的世界 | 平川陽一著 | 180元 |
| ⑦地球文明的超革命 | 吳秋嬌譯 | 200元 |
| ⑧力量石的秘密 | 吳秋嬌譯 | 180元 |
| ⑨超能力的靈異世界 | 馬小莉譯 | 200元 |

| | | |
|---|---|---|
| ⑩逃離地球毀滅的命運 | 吳秋嬌譯 | 200元 |
| ⑪宇宙與地球終結之謎 | 南山宏著 | 200元 |
| ⑫驚世奇功揭秘 | 傅起鳳著 | 200元 |
| ⑬啟發身心潛力心象訓練法 | 栗田昌裕著 | 180元 |
| ⑭仙道術遁甲法 | 高藤聰一郎著 | 220元 |
| ⑮神通力的秘密 | 中岡俊哉著 | 180元 |
| ⑯仙人成仙術 | 高藤聰一郎著 | 200元 |
| ⑰仙道符咒氣功法 | 高藤聰一郎著 | 220元 |
| ⑱仙道風水術尋龍法 | 高藤聰一郎著 | 200元 |
| ⑲仙道奇蹟超幻像 | 高藤聰一郎著 | 200元 |
| ⑳仙道鍊金術房中法 | 高藤聰一郎著 | 200元 |
| ㉑奇蹟超醫療治癒難病 | 深野一幸著 | 220元 |
| ㉒揭開月球的神秘力量 | 超科學研究會 | 180元 |
| ㉓西藏密教奧義 | 高藤聰一郎著 | 250元 |
| ㉔改變你的夢術入門 | 高藤聰一郎著 | 250元 |

## ・養 生 保 健・電腦編號 23

| | | |
|---|---|---|
| ①醫療養生氣功 | 黃孝寬著 | 250元 |
| ②中國氣功圖譜 | 余功保著 | 230元 |
| ③少林醫療氣功精粹 | 井玉蘭著 | 250元 |
| ④龍形實用氣功 | 吳大才等著 | 220元 |
| ⑤魚戲增視強身氣功 | 宮　嬰著 | 220元 |
| ⑥嚴新氣功 | 前新培金著 | 250元 |
| ⑦道家玄牝氣功 | 張　章著 | 200元 |
| ⑧仙家秘傳袪病功 | 李遠國著 | 160元 |
| ⑨少林十大健身功 | 秦慶豐著 | 180元 |
| ⑩中國自控氣功 | 張明武著 | 250元 |
| ⑪醫療防癌氣功 | 黃孝寬著 | 250元 |
| ⑫醫療強身氣功 | 黃孝寬著 | 250元 |
| ⑬醫療點穴氣功 | 黃孝寬著 | 250元 |
| ⑭中國八卦如意功 | 趙維漢著 | 180元 |
| ⑮正宗馬禮堂養氣功 | 馬禮堂著 | 420元 |
| ⑯秘傳道家筋經內丹功 | 王慶餘著 | 280元 |
| ⑰三元開慧功 | 辛桂林著 | 250元 |
| ⑱防癌治癌新氣功 | 郭　林著 | 180元 |
| ⑲禪定與佛家氣功修煉 | 劉天君著 | 200元 |
| ⑳顛倒之術 | 梅自強著 | 360元 |
| ㉑簡明氣功辭典 | 吳家駿編 | 360元 |
| ㉒八卦三合功 | 張全亮著 | 230元 |
| ㉓朱砂掌健身養生功 | 楊　永著 | 250元 |

| | | |
|---|---|---|
| ㉔抗老功 | 陳九鶴著 | 230元 |

## ・社會人智囊・電腦編號 24

| | | |
|---|---|---|
| ①糾紛談判術 | 清水增三著 | 160元 |
| ②創造關鍵術 | 淺野八郎著 | 150元 |
| ③觀人術 | 淺野八郎著 | 180元 |
| ④應急詭辯術 | 廖英迪編著 | 160元 |
| ⑤天才家學習術 | 木原武一著 | 160元 |
| ⑥猫型狗式鑑人術 | 淺野八郎著 | 180元 |
| ⑦逆轉運掌握術 | 淺野八郎著 | 180元 |
| ⑧人際圓融術 | 澀谷昌三著 | 160元 |
| ⑨解讀人心術 | 淺野八郎著 | 180元 |
| ⑩與上司水乳交融術 | 秋元隆司著 | 180元 |
| ⑪男女心態定律 | 小田晉著 | 180元 |
| ⑫幽默說話術 | 林振輝編著 | 200元 |
| ⑬人能信賴幾分 | 淺野八郎著 | 180元 |
| ⑭我一定能成功 | 李玉瓊譯 | 180元 |
| ⑮獻給青年的嘉言 | 陳蒼杰譯 | 180元 |
| ⑯知人、知面、知其心 | 林振輝編著 | 180元 |
| ⑰塑造堅強的個性 | 坂上肇著 | 180元 |
| ⑱為自已而活 | 佐藤綾子著 | 180元 |
| ⑲未來十年與愉快生活有約 | 船井幸雄著 | 180元 |
| ⑳超級銷售話術 | 杜秀卿譯 | 180元 |
| ㉑感性培育術 | 黃靜香編著 | 180元 |
| ㉒公司新鮮人的禮儀規範 | 蔡媛惠譯 | 180元 |
| ㉓傑出職員鍛鍊術 | 佐佐木正著 | 180元 |
| ㉔面談獲勝戰略 | 李芳黛譯 | 180元 |
| ㉕金玉良言撼人心 | 森純大著 | 180元 |
| ㉖男女幽默趣典 | 劉華亭編著 | 180元 |
| ㉗機智說話術 | 劉華亭編著 | 180元 |
| ㉘心理諮商室 | 柯素娥譯 | 180元 |
| ㉙如何在公司崢嶸頭角 | 佐佐木正著 | 180元 |
| ㉚機智應對術 | 李玉瓊編著 | 200元 |
| ㉛克服低潮良方 | 坂野雄二著 | 180元 |
| ㉜智慧型說話技巧 | 沈永嘉編著 | 180元 |
| ㉝記憶力、集中力增進術 | 廖松濤編著 | 180元 |
| ㉞女職員培育術 | 林慶旺編著 | 180元 |
| ㉟自我介紹與社交禮儀 | 柯素娥編著 | 180元 |
| ㊱積極生活創幸福 | 田中真澄著 | 180元 |
| ㊲妙點子超構想 | 多湖輝著 | 180元 |

## •精選系列•電腦編號25

| | | |
|---|---|---|
| ①毛澤東與鄧小平 | 渡邊利夫等著 | 280元 |
| ②中國大崩裂 | 江戶介雄著 | 180元 |
| ③台灣・亞洲奇蹟 | 上村幸治著 | 220元 |
| ④7-ELEVEN高盈收策略 | 國友隆一著 | 180元 |
| ⑤台灣獨立（新・中國日本戰爭一） | 森　詠著 | 200元 |
| ⑥迷失中國的末路 | 江戶雄介著 | 220元 |
| ⑦2000年5月全世界毀滅 | 紫藤甲子男著 | 180元 |
| ⑧失去鄧小平的中國 | 小島朋之著 | 220元 |
| ⑨世界史爭議性異人傳 | 桐生操著 | 200元 |
| ⑩淨化心靈享人生 | 松濤弘道著 | 220元 |
| ⑪人生心情診斷 | 賴藤和寬著 | 220元 |
| ⑫中美大決戰 | 檜山良昭著 | 220元 |
| ⑬黃昏帝國美國 | 莊雯琳譯 | 220元 |
| ⑭兩岸衝突（新・中國日本戰爭二） | 森　詠著 | 220元 |
| ⑮封鎖台灣（新・中國日本戰爭三） | 森　詠著 | 220元 |
| ⑯中國分裂（新・中國日本戰爭四） | 森　詠著 | 220元 |

## •運動遊戲•電腦編號26

| | | |
|---|---|---|
| ①雙人運動 | 李玉瓊譯 | 160元 |
| ②愉快的跳繩運動 | 廖玉山譯 | 180元 |
| ③運動會項目精選 | 王佑京譯 | 150元 |
| ④肋木運動 | 廖玉山譯 | 150元 |
| ⑤測力運動 | 王佑宗譯 | 150元 |

## •休閒娛樂•電腦編號27

| | | |
|---|---|---|
| ①海水魚飼養法 | 田中智浩著 | 300元 |
| ②金魚飼養法 | 曾雪玫譯 | 250元 |
| ③熱門海水魚 | 毛利匡明著 | 480元 |
| ④愛犬的教養與訓練 | 池田好雄著 | 250元 |
| ⑤狗教養與疾病 | 杉浦哲著 | 220元 |
| ⑥小動物養育技巧 | 三上昇著 | 300元 |

## •銀髮族智慧學•電腦編號28

| | | |
|---|---|---|
| ①銀髮六十樂逍遙 | 多湖輝著 | 170元 |
| ②人生六十反年輕 | 多湖輝著 | 170元 |

| | | |
|---|---|---|
| ③六十歲的決斷 | 多湖輝著 | 170元 |
| ④銀髮族健身指南 | 孫瑞台編著 | 250元 |

## ・飲 食 保 健・電腦編號 29

| | | |
|---|---|---|
| ①自己製作健康茶 | 大海淳著 | 220元 |
| ②好吃、具藥效茶料理 | 德永睦子著 | 220元 |
| ③改善慢性病健康藥草茶 | 吳秋嬌譯 | 200元 |
| ④藥酒與健康果菜汁 | 成玉編著 | 250元 |
| ⑤家庭保健養生湯 | 馬汴梁編著 | 220元 |
| ⑥降低膽固醇的飲食 | 早川和志著 | 200元 |
| ⑦女性癌症的飲食 | 女子營養大學 | 280元 |
| ⑧痛風者的飲食 | 女子營養大學 | 280元 |
| ⑨貧血者的飲食 | 女子營養大學 | 280元 |
| ⑩高脂血症者的飲食 | 女子營養大學 | 280元 |

## ・家庭醫學保健・電腦編號 30

| | | |
|---|---|---|
| ①女性醫學大全 | 雨森良彥著 | 380元 |
| ②初爲人父育兒寶典 | 小瀧周曹著 | 220元 |
| ③性活力強健法 | 相建華著 | 220元 |
| ④30歲以上的懷孕與生產 | 李芳黛編著 | 220元 |
| ⑤舒適的女性更年期 | 野末悅子著 | 200元 |
| ⑥夫妻前戲的技巧 | 笠井寬司著 | 200元 |
| ⑦病理足穴按摩 | 金慧明著 | 220元 |
| ⑧爸爸的更年期 | 河野孝旺著 | 200元 |
| ⑨橡皮帶健康法 | 山田晶著 | 180元 |
| ⑩33天健美減肥 | 相建華等著 | 180元 |
| ⑪男性健美入門 | 孫玉祿編著 | 180元 |
| ⑫強化肝臟秘訣 | 主婦の友社編 | 200元 |
| ⑬了解藥物副作用 | 張果馨譯 | 200元 |
| ⑭女性醫學小百科 | 松山榮吉著 | 200元 |
| ⑮左轉健康法 | 龜田修等著 | 200元 |
| ⑯實用天然藥物 | 鄭炳全編著 | 260元 |
| ⑰神秘無痛平衡療法 | 林宗駛著 | 180元 |
| ⑱膝蓋健康法 | 張果馨譯 | 180元 |
| ⑲針灸治百病 | 葛書翰著 | 250元 |
| ⑳異位性皮膚炎治癒法 | 吳秋嬌譯 | 220元 |
| ㉑禿髮白髮預防與治療 | 陳炳崑編著 | 180元 |
| ㉒埃及皇宮菜健康法 | 飯森薰著 | 200元 |
| ㉓肝臟病安心治療 | 上野幸久著 | 220元 |

| | | |
|---|---|---|
| ㉔耳穴治百病 | 陳抗美等著 | 250元 |
| ㉕高效果指壓法 | 五十嵐康彥著 | 200元 |
| ㉖瘦水、胖水 | 鈴木園子著 | 200元 |
| ㉗手針新療法 | 朱振華著 | 200元 |
| ㉘香港腳預防與治療 | 劉小惠譯 | 200元 |
| ㉙智慧飲食吃出健康 | 柯富陽編著 | 200元 |
| ㉚牙齒保健法 | 廖玉山編著 | 200元 |

## ・超經營新智慧・電腦編號 31

| | | |
|---|---|---|
| ①躍動的國家越南 | 林雅倩譯 | 250元 |
| ②甦醒的小龍菲律賓 | 林雅倩譯 | 220元 |

## ・心 靈 雅 集・電腦編號 00

| | | |
|---|---|---|
| ①禪言佛語看人生 | 松濤弘道著 | 180元 |
| ②禪密教的奧秘 | 葉逯謙譯 | 120元 |
| ③觀音大法力 | 田口日勝著 | 120元 |
| ④觀音法力的大功德 | 田口日勝著 | 120元 |
| ⑤達摩禪106智慧 | 劉華亭編譯 | 220元 |
| ⑥有趣的佛教研究 | 葉逯謙編譯 | 170元 |
| ⑦夢的開運法 | 蕭京凌譯 | 130元 |
| ⑧禪學智慧 | 柯素娥編譯 | 130元 |
| ⑨女性佛教入門 | 許俐萍譯 | 110元 |
| ⑩佛像小百科 | 心靈雅集編譯組 | 130元 |
| ⑪佛教小百科趣談 | 心靈雅集編譯組 | 120元 |
| ⑫佛教小百科漫談 | 心靈雅集編譯組 | 150元 |
| ⑬佛教知識小百科 | 心靈雅集編譯組 | 150元 |
| ⑭佛學名言智慧 | 松濤弘道著 | 220元 |
| ⑮釋迦名言智慧 | 松濤弘道著 | 220元 |
| ⑯活人禪 | 平田精耕著 | 120元 |
| ⑰坐禪入門 | 柯素娥編譯 | 150元 |
| ⑱現代禪悟 | 柯素娥編譯 | 130元 |
| ⑲道元禪師語錄 | 心靈雅集編譯組 | 130元 |
| ⑳佛學經典指南 | 心靈雅集編譯組 | 130元 |
| ㉑何謂「生」 阿含經 | 心靈雅集編譯組 | 150元 |
| ㉒一切皆空 般若心經 | 心靈雅集編譯組 | 150元 |
| ㉓超越迷惘 法句經 | 心靈雅集編譯組 | 180元 |
| ㉔開拓宇宙觀 華嚴經 | 心靈雅集編譯組 | 180元 |
| ㉕真實之道 法華經 | 心靈雅集編譯組 | 130元 |
| ㉖自由自在 涅槃經 | 心靈雅集編譯組 | 130元 |

| | | |
|---|---|---|
| ㉗沈默的教示　維摩經 | 心靈雅集編譯組 | 150元 |
| ㉘開通心眼　佛語佛戒 | 心靈雅集編譯組 | 130元 |
| ㉙揭秘寶庫　密教經典 | 心靈雅集編譯組 | 180元 |
| ㉚坐禪與養生 | 廖松濤譯 | 110元 |
| ㉛釋尊十戒 | 柯素娥編譯 | 120元 |
| ㉜佛法與神通 | 劉欣如編著 | 120元 |
| ㉝悟（正法眼藏的世界） | 柯素娥編譯 | 120元 |
| ㉞只管打坐 | 劉欣如編著 | 120元 |
| ㉟喬答摩・佛陀傳 | 劉欣如編著 | 120元 |
| ㊱唐玄奘留學記 | 劉欣如編著 | 120元 |
| ㊲佛教的人生觀 | 劉欣如編譯 | 110元 |
| ㊳無門關（上卷） | 心靈雅集編譯組 | 150元 |
| ㊴無門關（下卷） | 心靈雅集編譯組 | 150元 |
| ㊵業的思想 | 劉欣如編著 | 130元 |
| ㊶佛法難學嗎 | 劉欣如著 | 140元 |
| ㊷佛法實用嗎 | 劉欣如著 | 140元 |
| ㊸佛法殊勝嗎 | 劉欣如著 | 140元 |
| ㊹因果報應法則 | 李常傳編 | 180元 |
| ㊺佛教醫學的奧秘 | 劉欣如編著 | 150元 |
| ㊻紅塵絕唱 | 海　若著 | 130元 |
| ㊼佛教生活風情 | 洪丕謨、姜玉珍著 | 220元 |
| ㊽行住坐臥有佛法 | 劉欣如著 | 160元 |
| ㊾起心動念是佛法 | 劉欣如著 | 160元 |
| ㊿四字禪語 | 曹洞宗青年會 | 200元 |
| 51妙法蓮華經 | 劉欣如編著 | 160元 |
| 52根本佛教與大乘佛教 | 葉作森編 | 180元 |
| 53大乘佛經 | 定方晟著 | 180元 |
| 54須彌山與極樂世界 | 定方晟著 | 180元 |
| 55阿闍世的悟道 | 定方晟著 | 180元 |
| 56金剛經的生活智慧 | 劉欣如著 | 180元 |

## ・經營管理・電腦編號 01

| | | |
|---|---|---|
| ◎創新經營管理六十六大計（精） | 蔡弘文編 | 780元 |
| ①如何獲取生意情報 | 蘇燕謀譯 | 110元 |
| ②經濟常識問答 | 蘇燕謀譯 | 130元 |
| ④台灣商戰風雲錄 | 陳中雄著 | 120元 |
| ⑤推銷大王秘錄 | 原一平著 | 180元 |
| ⑥新創意・賺大錢 | 王家成譯 | 90元 |
| ⑦工廠管理新手法 | 琪　輝著 | 120元 |
| ⑨經營參謀 | 柯順隆譯 | 120元 |

| | | |
|---|---|---|
| ⑩美國實業24小時 | 柯順隆譯 | 80元 |
| ⑪撼動人心的推銷法 | 原一平著 | 150元 |
| ⑫高竿經營法 | 蔡弘文編 | 120元 |
| ⑬如何掌握顧客 | 柯順隆譯 | 150元 |
| ⑰一流的管理 | 蔡弘文編 | 150元 |
| ⑱外國人看中韓經濟 | 劉華亭譯 | 150元 |
| ⑳突破商場人際學 | 林振輝編著 | 90元 |
| ㉒如何使女人打開錢包 | 林振輝編著 | 100元 |
| ㉔小公司經營策略 | 王嘉誠著 | 160元 |
| ㉕成功的會議技巧 | 鐘文訓編譯 | 100元 |
| ㉖新時代老闆學 | 黃柏松編著 | 100元 |
| ㉗如何創造商場智囊團 | 林振輝編譯 | 150元 |
| ㉘十分鐘推銷術 | 林振輝編譯 | 180元 |
| ㉙五分鐘育才 | 黃柏松編譯 | 100元 |
| ㉝自我經濟學 | 廖松濤編譯 | 100元 |
| ㉞一流的經營 | 陶田生編著 | 120元 |
| ㉟女性職員管理術 | 王昭國編譯 | 120元 |
| ㊱ＩＢＭ的人事管理 | 鐘文訓編譯 | 150元 |
| ㊲現代電腦常識 | 王昭國編譯 | 150元 |
| ㊳電腦管理的危機 | 鐘文訓編譯 | 120元 |
| ㊴如何發揮廣告效果 | 王昭國編譯 | 150元 |
| ㊵最新管理技巧 | 王昭國編譯 | 150元 |
| ㊶一流推銷術 | 廖松濤編譯 | 150元 |
| ㊷包裝與促銷技巧 | 王昭國編譯 | 130元 |
| ㊸企業王國指揮塔 | 松下幸之助著 | 120元 |
| ㊹企業精銳兵團 | 松下幸之助著 | 120元 |
| ㊺企業人事管理 | 松下幸之助著 | 100元 |
| ㊻華僑經商致富術 | 廖松濤編譯 | 130元 |
| ㊼豐田式銷售技巧 | 廖松濤編譯 | 180元 |
| ㊽如何掌握銷售技巧 | 王昭國編著 | 130元 |
| ㊿洞燭機先的經營 | 鐘文訓編譯 | 150元 |
| 52新世紀的服務業 | 鐘文訓編譯 | 100元 |
| 53成功的領導者 | 廖松濤編譯 | 120元 |
| 54女推銷員成功術 | 李玉瓊編譯 | 130元 |
| 55ＩＢＭ人才培育術 | 鐘文訓編譯 | 100元 |
| 56企業人自我突破法 | 黃琪輝編著 | 150元 |
| 58財富開發術 | 蔡弘文編著 | 130元 |
| 59成功的店舖設計 | 鐘文訓編著 | 150元 |
| 61企管回春法 | 蔡弘文編著 | 130元 |
| 62小企業經營指南 | 鐘文訓編譯 | 100元 |
| 63商場致勝名言 | 鐘文訓編譯 | 150元 |

| | | |
|---|---|---|
| ⑭迎接商業新時代 | 廖松濤編譯 | 100元 |
| ⑯新手股票投資入門 | 何朝乾 編 | 200元 |
| ⑰上揚股與下跌股 | 何朝乾編譯 | 180元 |
| ⑱股票速成學 | 何朝乾編譯 | 200元 |
| ⑲理財與股票投資策略 | 黃俊豪編著 | 180元 |
| ⑳黃金投資策略 | 黃俊豪編著 | 180元 |
| ㉑厚黑管理學 | 廖松濤編譯 | 180元 |
| ㉒股市致勝格言 | 呂梅莎編譯 | 180元 |
| ㉓透視西武集團 | 林谷燁編譯 | 150元 |
| ㉖巡迴行銷術 | 陳蒼杰譯 | 150元 |
| ㉗推銷的魔術 | 王嘉誠譯 | 120元 |
| ㉘60秒指導部屬 | 周蓮芬編譯 | 150元 |
| ㉙精銳女推銷員特訓 | 李玉瓊編譯 | 130元 |
| ㉚企劃、提案、報告圖表的技巧 | 鄭 汶 譯 | 180元 |
| ㉛海外不動產投資 | 許達守編譯 | 150元 |
| ㉜八百伴的世界策略 | 李玉瓊譯 | 150元 |
| ㉝服務業品質管理 | 吳宜芬譯 | 180元 |
| ㉞零庫存銷售 | 黃東謙編譯 | 150元 |
| ㉟三分鐘推銷管理 | 劉名揚編譯 | 150元 |
| ㊱推銷大王奮鬥史 | 原一平著 | 150元 |
| ㊲豐田汽車的生產管理 | 林谷燁編譯 | 150元 |

## •成功寶庫•電腦編號 02

| | | |
|---|---|---|
| ①上班族交際術 | 江森滋著 | 100元 |
| ②拍馬屁訣竅 | 廖玉山編譯 | 110元 |
| ④聽話的藝術 | 歐陽輝編譯 | 110元 |
| ⑨求職轉業成功術 | 陳 義編著 | 110元 |
| ⑩上班族禮儀 | 廖玉山編著 | 120元 |
| ⑪接近心理學 | 李玉瓊編著 | 100元 |
| ⑫創造自信的新人生 | 廖松濤編著 | 120元 |
| ⑮神奇瞬間瞑想法 | 廖松濤編譯 | 100元 |
| ⑯人生成功之鑰 | 楊意苓編著 | 150元 |
| ⑲給企業人的諍言 | 鐘文訓編著 | 120元 |
| ⑳企業家自律訓練法 | 陳 義編譯 | 100元 |
| ㉑上班族妖怪學 | 廖松濤編著 | 100元 |
| ㉒猶太人縱橫世界的奇蹟 | 孟佑政編著 | 110元 |
| ㉕你是上班族中強者 | 嚴思圖編著 | 100元 |
| ㉚成功頓悟100則 | 蕭京凌編譯 | 130元 |
| ㉜知性幽默 | 李玉瓊編譯 | 130元 |
| ㉝熟記對方絕招 | 黃靜香編譯 | 100元 |

| | | |
|---|---|---|
| ㊲察言觀色的技巧 | 劉華亭編著 | 180元 |
| ㊳一流領導力 | 施義彥編譯 | 120元 |
| ㊵30秒鐘推銷術 | 廖松濤編譯 | 150元 |
| ㊶猶太成功商法 | 周蓮芬編譯 | 120元 |
| ㊷尖端時代行銷策略 | 陳蒼杰編著 | 100元 |
| ㊸顧客管理學 | 廖松濤編著 | 100元 |
| ㊹如何使對方說Yes | 程　羲編著 | 150元 |
| ㊼上班族口才學 | 楊鴻儒譯 | 120元 |
| ㊽上班族新鮮人須知 | 程　羲編著 | 120元 |
| ㊾如何左右逢源 | 程　羲編著 | 130元 |
| ㊿語言的心理戰 | 多湖輝著 | 130元 |
| 55性惡企業管理學 | 陳蒼杰譯 | 130元 |
| 56自我啟發200招 | 楊鴻儒編著 | 150元 |
| 57做個傑出女職員 | 劉名揚編著 | 130元 |
| 58靈活的集團營運術 | 楊鴻儒編著 | 120元 |
| 60個案研究活用法 | 楊鴻儒編著 | 130元 |
| 61企業教育訓練遊戲 | 楊鴻儒編著 | 120元 |
| 62管理者的智慧 | 程　義編譯 | 130元 |
| 63做個佼佼管理者 | 馬筱莉編譯 | 130元 |
| 67活用禪學於企業 | 柯素娥編譯 | 130元 |
| 69幽默詭辯術 | 廖玉山編譯 | 150元 |
| 70拿破崙智慧箴言 | 柯素娥編譯 | 130元 |
| 71自我培育・超越 | 蕭京凌編譯 | 150元 |
| 74時間即一切 | 沈永嘉編譯 | 130元 |
| 75自我脫胎換骨 | 柯素娥譯 | 150元 |
| 76贏在起跑點—人才培育鐵則 | 楊鴻儒編譯 | 150元 |
| 77做一枚活棋 | 李玉瓊編譯 | 130元 |
| 78面試成功戰略 | 柯素娥編譯 | 130元 |
| 81瞬間攻破心防法 | 廖玉山編譯 | 120元 |
| 82改變一生的名言 | 李玉瓊編譯 | 130元 |
| 83性格性向創前程 | 楊鴻儒編譯 | 130元 |
| 84訪問行銷新竅門 | 廖玉山編譯 | 150元 |
| 85無所不達的推銷話術 | 李玉瓊編譯 | 150元 |

## ・處世智慧・電腦編號03

| | | |
|---|---|---|
| ①如何改變你自己 | 陸明編譯 | 120元 |
| ⑥靈感成功術 | 譚繼山編譯 | 80元 |
| ⑧扭轉一生的五分鐘 | 黃柏松編譯 | 100元 |
| ⑩現代人的詭計 | 林振輝譯 | 100元 |
| ⑫如何利用你的時間 | 蘇遠謀譯 | 80元 |

| | | |
|---|---|---|
| ⑬口才必勝術 | 黃柏松編譯 | 120元 |
| ⑭女性的智慧 | 譚繼山編譯 | 90元 |
| ⑯人生的體驗 | 陸明編譯 | 80元 |
| ⑱幽默吹牛術 | 金子登著 | 90元 |
| ⑲攻心說服術 | 多湖輝著 | 100元 |
| ⑳當機立斷 | 陸明編譯 | 70元 |
| ㉒如何交朋友 | 安紀芳編著 | 70元 |
| ㉔慧心良言 | 亦　奇著 | 80元 |
| ㉕名家慧語 | 蔡逸鴻主編 | 90元 |
| ㉘如何發揮你的潛能 | 陸明編譯 | 90元 |
| ㉙女人身態語言學 | 李常傳譯 | 130元 |
| ㉚摸透女人心 | 張文志譯 | 90元 |
| ㉜給女人的悄悄話 | 妮倩編譯 | 90元 |
| ㉞如何開拓快樂人生 | 陸明編譯 | 90元 |
| ㊱成功的捷徑 | 鐘文訓譯 | 70元 |
| ㊲幽默逗笑術 | 林振輝著 | 120元 |
| ㊳活用血型讀書法 | 陳炳崑譯 | 80元 |
| ㊴心　燈 | 葉于模著 | 100元 |
| ㊵當心受騙 | 林顯茂譯 | 90元 |
| ㊶心・體・命運 | 蘇燕謀譯 | 70元 |
| ㊷如何使頭腦更敏銳 | 陸明編譯 | 70元 |
| ㊸宮本武藏五輪書金言錄 | 宮本武藏著 | 100元 |
| ㊼成熟的愛 | 林振輝譯 | 120元 |
| ㊽現代女性駕馭術 | 蔡德華著 | 90元 |
| ㊾禁忌遊戲 | 酒井潔著 | 90元 |
| 52摸透男人心 | 劉華亭編譯 | 80元 |
| 53如何達成願望 | 謝世輝著 | 90元 |
| 54創造奇蹟的「想念法」 | 謝世輝著 | 90元 |
| 55創造成功奇蹟 | 謝世輝著 | 90元 |
| 57幻想與成功 | 廖松濤譯 | 80元 |
| 58反派角色的啟示 | 廖松濤編譯 | 70元 |
| 59現代女性須知 | 劉華亭編著 | 75元 |
| 62如何突破內向 | 姜倩怡編譯 | 110元 |
| 64讀心術入門 | 王家成編譯 | 100元 |
| 65如何解除內心壓力 | 林美羽編著 | 110元 |
| 66取信於人的技巧 | 多湖輝著 | 110元 |
| 68自我能力的開拓 | 卓一凡編著 | 110元 |
| 70縱橫交涉術 | 嚴思圖編著 | 90元 |
| 71如何培養妳的魅力 | 劉文珊編著 | 90元 |
| 72魅力的力量 | 姜倩怡編著 | 90元 |
| 75個性膽怯者的成功術 | 廖松濤編譯 | 100元 |

| | | |
|---|---|---|
| ⑯人性的光輝 | 文可式編著 | 90元 |
| ⑲培養靈敏頭腦秘訣 | 廖玉山編著 | 90元 |
| ⑳夜晚心理術 | 鄭秀美編譯 | 80元 |
| ㉑如何做個成熟的女性 | 李玉瓊編著 | 80元 |
| ㉒現代女性成功術 | 劉文珊編著 | 90元 |
| ㉓成功說話技巧 | 梁惠珠編譯 | 100元 |
| ㉔人生的真諦 | 鐘文訓編譯 | 100元 |
| ㉕妳是人見人愛的女孩 | 廖松濤編著 | 120元 |
| ㉗指尖・頭腦體操 | 蕭京凌編譯 | 90元 |
| ㉘電話應對禮儀 | 蕭京凌編著 | 120元 |
| ㉙自我表現的威力 | 廖松濤編譯 | 100元 |
| ㉚名人名語啟示錄 | 喬家楓編著 | 100元 |
| ㉛男與女的哲思 | 程鐘梅編譯 | 110元 |
| ㉜靈思慧語 | 牧　風著 | 110元 |
| ㉝心靈夜語 | 牧　風著 | 100元 |
| ㉞激盪腦力訓練 | 廖松濤編譯 | 100元 |
| ㉟三分鐘頭腦活性法 | 廖玉山編譯 | 110元 |
| ㊱星期一的智慧 | 廖玉山編譯 | 100元 |
| ㊲溝通說服術 | 賴文琇編譯 | 100元 |

## ・健康與美容・電腦編號 04

| | | |
|---|---|---|
| ③媚酒傳（中國王朝秘酒） | 陸明主編 | 120元 |
| ⑤中國回春健康術 | 蔡一藩著 | 100元 |
| ⑥奇蹟的斷食療法 | 蘇燕謀譯 | 130元 |
| ⑧健美食物法 | 陳炳崑譯 | 120元 |
| ⑨驚異的漢方療法 | 唐龍編著 | 90元 |
| ⑩不老強精食 | 唐龍編著 | 100元 |
| ⑫五分鐘跳繩健身法 | 蘇明達譯 | 100元 |
| ⑬睡眠健康法 | 王家成譯 | 80元 |
| ⑭你就是名醫 | 張芳明譯 | 90元 |
| ⑲釋迦長壽健康法 | 譚繼山譯 | 90元 |
| ⑳腳部按摩健康法 | 譚繼山譯 | 120元 |
| ㉑自律健康法 | 蘇明達譯 | 90元 |
| ㉓身心保健座右銘 | 張仁福著 | 160元 |
| ㉔腦中風家庭看護與運動治療 | 林振輝譯 | 100元 |
| ㉕秘傳醫學人相術 | 成玉主編 | 120元 |
| ㉖導引術入門⑴治療慢性病 | 成玉主編 | 110元 |
| ㉗導引術入門⑵健康・美容 | 成玉主編 | 110元 |
| ㉘導引術入門⑶身心健康法 | 成玉主編 | 110元 |
| ㉙妙用靈藥・蘆薈 | 李常傳譯 | 150元 |

| | | |
|---|---|---|
| ㉚萬病回春百科 | 吳通華著 | 150元 |
| ㉛初次懷孕的10個月 | 成玉編譯 | 130元 |
| ㉜中國秘傳氣功治百病 | 陳炳崑編譯 | 130元 |
| ㉟仙人長生不老學 | 陸明編譯 | 100元 |
| ㊱釋迦秘傳米粒刺激法 | 鐘文訓譯 | 120元 |
| ㊲痔・治療與預防 | 陸明編譯 | 130元 |
| ㊳自我防身絕技 | 陳炳崑編譯 | 120元 |
| ㊴運動不足時疲勞消除法 | 廖松濤譯 | 110元 |
| ㊵三溫暖健康法 | 鐘文訓編譯 | 90元 |
| ㊸維他命與健康 | 鐘文訓譯 | 150元 |
| ㊺森林浴—綠的健康法 | 劉華亭編譯 | 80元 |
| ㊼導引術入門(4)酒浴健康法 | 成玉主編 | 90元 |
| ㊽導引術入門(5)不老回春法 | 成玉主編 | 90元 |
| ㊾山白竹（劍竹）健康法 | 鐘文訓譯 | 90元 |
| ㊿解救你的心臟 | 鐘文訓編譯 | 100元 |
| 52超人氣功法 | 陸明編譯 | 110元 |
| 54借力的奇蹟(1) | 力拔山著 | 100元 |
| 55借力的奇蹟(2) | 力拔山著 | 100元 |
| 56五分鐘小睡健康法 | 呂添發撰 | 120元 |
| 57禿髮、白髮預防與治療 | 陳炳崑撰 | 120元 |
| 59艾草健康法 | 張汝明編譯 | 90元 |
| 60一分鐘健康診斷 | 蕭京凌編譯 | 90元 |
| 61念術入門 | 黃静香編譯 | 90元 |
| 62念術健康法 | 黃静香編譯 | 90元 |
| 63健身回春法 | 梁惠珠編譯 | 100元 |
| 64姿勢養生法 | 黃秀娟編譯 | 90元 |
| 65仙人瞑想法 | 鐘文訓譯 | 120元 |
| 66人蔘的神效 | 林慶旺譯 | 100元 |
| 67奇穴治百病 | 吳通華著 | 120元 |
| 68中國傳統健康法 | 靳海東著 | 100元 |
| 71酵素健康法 | 楊　皓編譯 | 120元 |
| 73腰痛預防與治療 | 五味雅吉著 | 130元 |
| 74如何預防心臟病・腦中風 | 譚定長等著 | 100元 |
| 75少女的生理秘密 | 蕭京凌譯 | 120元 |
| 76頭部按摩與針灸 | 楊鴻儒譯 | 100元 |
| 77雙極療術入門 | 林聖道著 | 100元 |
| 78氣功自療法 | 梁景蓮著 | 120元 |
| 79大蒜健康法 | 李玉瓊編譯 | 100元 |
| 81健胸美容秘訣 | 黃靜香譯 | 120元 |
| 82鍺奇蹟療效 | 林宏儒譯 | 120元 |
| 83三分鐘健身運動 | 廖玉山譯 | 120元 |

| | | |
|---|---|---|
| ⑭尿療法的奇蹟 | 廖玉山譯 | 120元 |
| ⑮神奇的聚積療法 | 廖玉山譯 | 120元 |
| ⑯預防運動傷害伸展體操 | 楊鴻儒編譯 | 120元 |
| ⑱五日就能改變你 | 柯素娥譯 | 110元 |
| ⑲三分鐘氣功健康法 | 陳美華譯 | 120元 |
| ⑪道家氣功術 | 早島正雄著 | 130元 |
| ⑫氣功減肥術 | 早島正雄著 | 120元 |
| ⑬超能力氣功法 | 柯素娥譯 | 130元 |
| ⑭氣的瞑想法 | 早島正雄著 | 120元 |

## ・家庭／生活・電腦編號05

| | | |
|---|---|---|
| ①單身女郎生活經驗談 | 廖玉山編著 | 100元 |
| ②血型・人際關係 | 黃靜編著 | 120元 |
| ③血型・妻子 | 黃靜編著 | 110元 |
| ④血型・丈夫 | 廖玉山編譯 | 130元 |
| ⑤血型・升學考試 | 沈永嘉編譯 | 120元 |
| ⑥血型・臉型・愛情 | 鐘文訓編譯 | 120元 |
| ⑦現代社交須知 | 廖松濤編譯 | 100元 |
| ⑧簡易家庭按摩 | 鐘文訓編譯 | 150元 |
| ⑨圖解家庭看護 | 廖玉山編譯 | 120元 |
| ⑩生男育女隨心所欲 | 岡正基編著 | 160元 |
| ⑪家庭急救治療法 | 鐘文訓編著 | 100元 |
| ⑫新孕婦體操 | 林曉鐘譯 | 120元 |
| ⑬從食物改變個性 | 廖玉山編譯 | 100元 |
| ⑭藥草的自然療法 | 東城百合子著 | 200元 |
| ⑮糙米菜食與健康料理 | 東城百合子著 | 180元 |
| ⑯現代人的婚姻危機 | 黃　靜編著 | 90元 |
| ⑰親子遊戲　0歲 | 林慶旺編譯 | 100元 |
| ⑱親子遊戲　1～2歲 | 林慶旺編譯 | 110元 |
| ⑲親子遊戲　3歲 | 林慶旺編譯 | 100元 |
| ⑳女性醫學新知 | 林曉鐘編譯 | 180元 |
| ㉑媽媽與嬰兒 | 張汝明編譯 | 180元 |
| ㉒生活智慧百科 | 黃　靜編譯 | 100元 |
| ㉓手相・健康・你 | 林曉鐘編譯 | 120元 |
| ㉔菜食與健康 | 張汝明編譯 | 110元 |
| ㉕家庭素食料理 | 陳東達著 | 140元 |
| ㉖性能力活用秘法 | 米開・尼里著 | 150元 |
| ㉗兩性之間 | 林慶旺編譯 | 120元 |
| ㉘性感經穴健康法 | 蕭京凌編譯 | 150元 |
| ㉙幼兒推拿健康法 | 蕭京凌編譯 | 100元 |

| | | | |
|---|---|---|---|
| ㉚ | 談中國料理 | 丁秀山編著 | 100元 |
| ㉛ | 舌技入門 | 增田豐　著 | 160元 |
| ㉜ | 預防癌症的飲食法 | 黃靜香編譯 | 150元 |
| ㉝ | 性與健康寶典 | 黃靜香編譯 | 180元 |
| ㉞ | 正確避孕法 | 蕭京凌編譯 | 180元 |
| ㉟ | 吃的更漂亮美容食譜 | 楊萬里著 | 120元 |
| ㊱ | 圖解交際舞速成 | 鐘文訓編譯 | 150元 |
| ㊲ | 觀相導引術 | 沈永嘉譯 | 130元 |
| ㊳ | 初為人母12個月 | 陳義譯 | 180元 |
| ㊴ | 圖解麻將入門 | 顧安行編譯 | 160元 |
| ㊵ | 麻將必勝秘訣 | 石利夫編譯 | 180元 |
| ㊶ | 女性一生與漢方 | 蕭京凌編譯 | 100元 |
| ㊷ | 家電的使用與修護 | 鐘文訓編譯 | 160元 |
| ㊸ | 錯誤的家庭醫療法 | 鐘文訓編譯 | 100元 |
| ㊹ | 簡易防身術 | 陳慧珍編譯 | 150元 |
| ㊺ | 茶健康法 | 鐘文訓編譯 | 130元 |
| ㊻ | 雞尾酒大全 | 劉雪卿譯 | 180元 |
| ㊼ | 生活的藝術 | 沈永嘉編著 | 120元 |
| ㊽ | 雜草雜果健康法 | 沈永嘉編著 | 120元 |
| ㊾ | 如何選擇理想妻子 | 荒谷慈著 | 110元 |
| ㊿ | 如何選擇理想丈夫 | 荒谷慈著 | 110元 |
| 51 | 中國食與性的智慧 | 根本光人著 | 150元 |
| 52 | 開運法話 | 陳宏男譯 | 100元 |
| 53 | 禪語經典＜上＞ | 平田精耕著 | 150元 |
| 54 | 禪語經典＜下＞ | 平田精耕著 | 150元 |
| 55 | 手掌按摩健康法 | 鐘文訓譯 | 180元 |
| 56 | 脚底按摩健康法 | 鐘文訓譯 | 180元 |
| 57 | 仙道運氣健身法 | 李玉瓊譯 | 150元 |
| 58 | 健心、健體呼吸法 | 蕭京凌譯 | 120元 |
| 59 | 自彊術入門 | 蕭京凌譯 | 120元 |
| 60 | 指技入門 | 增田豐著 | 160元 |
| 61 | 下半身鍛鍊法 | 增田豐著 | 180元 |
| 62 | 表象式學舞法 | 黃靜香編譯 | 180元 |
| 63 | 圖解家庭瑜伽 | 鐘文訓譯 | 130元 |
| 64 | 食物治療寶典 | 黃靜香編譯 | 130元 |
| 65 | 智障兒保育入門 | 楊鴻儒譯 | 130元 |
| 66 | 自閉兒童指導入門 | 楊鴻儒譯 | 180元 |
| 67 | 乳癌發現與治療 | 黃靜香譯 | 130元 |
| 68 | 盆栽培養與欣賞 | 廖啟新編譯 | 180元 |
| 69 | 世界手語入門 | 蕭京凌編譯 | 180元 |
| 70 | 賽馬必勝法 | 李錦雀編譯 | 200元 |

大展好書 好書大展

國家圖書館出版品預行編目資料

躍動的國家　越南/窪田光純著；林雅倩譯
——初版，——臺北市，大展，民86
面；　公分，——（超經營新智慧；1）
譯自：躍動する國ベトメム
ISBN 957-557-789-2（平裝）
1.經濟地理－越南 2.越南－政治與政府
574.383　86016246



**躍動的國家　越南**　ISBN 957-557-789-2

原著者/窪田光純
編譯者/林雅倩
發行人/蔡森明
出版者/大展出版社有限公司
社　址/台北市北投區（石牌）致遠一路2段12巷1號
電　話/（02）28236031・28236033
傳　真/（02）28272069
郵政劃撥/0166955-1
登記證/局版臺業字第2171號
承印者/國順圖書印刷公司
裝　訂/嶸興裝訂有限公司
排版者/弘益電腦排版有限公司
電　話/（02）27403609・27112792
初版1刷/1997年（民86年）12月

定　價/250元

| | | |
|---|---|---|
| ⑦①中藥健康粥 | 蕭京凌編譯 | 120元 |
| ⑦②健康食品指南 | 劉文珊編譯 | 130元 |
| ⑦③健康長壽飲食法 | 鐘文訓編譯 | 150元 |
| ⑦④夜生活規則 | 增田豐著 | 160元 |
| ⑦⑤自製家庭食品 | 鐘文訓編譯 | 200元 |
| ⑦⑥仙道帝王招財術 | 廖玉山譯 | 130元 |
| ⑦⑦「氣」的蓄財術 | 劉名揚譯 | 130元 |
| ⑦⑧佛教健康法入門 | 劉名揚譯 | 130元 |
| ⑦⑨男女健康醫學 | 郭汝蘭譯 | 150元 |
| ⑧⓪成功的果樹培育法 | 張煌編譯 | 130元 |
| ⑧①實用家庭菜園 | 孔翔儀編譯 | 130元 |
| ⑧②氣與中國飲食法 | 柯素娥編譯 | 130元 |
| ⑧③世界生活趣譚 | 林其英著 | 160元 |
| ⑧④胎教二八〇天 | 鄭淑美譯 | 220元 |
| ⑧⑤酒自己動手釀 | 柯素娥編著 | 160元 |
| ⑧⑥自己動「手」健康法 | 劉雪卿譯 | 160元 |
| ⑧⑦香味活用法 | 森田洋子著 | 160元 |
| ⑧⑧寰宇趣聞搜奇 | 林其英著 | 200元 |
| ⑧⑨手指回旋健康法 | 栗田昌裕著 | 200元 |
| ⑨⓪家庭巧妙收藏 | 蘇秀玉譯 | 200元 |
| ⑨①餐桌禮儀入門 | 風間璋子著 | 200元 |
| ⑨②住宅設計要訣 | 吉田春美著 | 200元 |

## •命理與預言•電腦編號06

| | | |
|---|---|---|
| ①星座算命術 | 張文志譯 | 120元 |
| ②中國式面相學入門 | 蕭京凌編著 | 180元 |
| ③圖解命運學 | 陸明編著 | 200元 |
| ④中國秘傳面相術 | 陳炳崑編著 | 110元 |
| ⑤13星座占星術 | 馬克•矢崎著 | 200元 |
| ⑥命名彙典 | 水雲居士編著 | 180元 |
| ⑦簡明紫微斗術命運學 | 唐龍編著 | 220元 |
| ⑧住宅風水吉凶判斷法 | 琪輝編譯 | 180元 |
| ⑨鬼谷算命秘術 | 鬼谷子著 | 200元 |
| ⑩密教開運咒法 | 中岡俊哉著 | 250元 |
| ⑪女性星魂術 | 岩滿羅門著 | 200元 |
| ⑫簡明四柱推命學 | 李常傳編譯 | 150元 |
| ⑬手相鑑定奧秘 | 高山東明著 | 200元 |
| ⑭簡易精確手相 | 高山東明著 | 200元 |
| ⑮13星座戀愛占卜 | 彤雲編譯組 | 200元 |
| ⑯女巫的咒法 | 柯素娥譯 | 230元 |

大展好書 好書大展